Stephan Herzberg

Praktisches Basiswissen: Sport

Grundlagen, Methoden und Praxistipps für die Unterrichtsgestaltung

PERSEN

Der Autor Stephan Herzberg ist Diplomsportlehrer und unterrichtet seit 2001 an einer Schule in Mainz. In weiteren beruflichen Betätigungsfeldern im Bereich der Erwachsenenbildung und der Lehreraus- und -fortbildung steht Kinder- und Nachwuchsarbeit seit Langem im Mittelpunkt seiner Arbeit. Als Schulsportfachberater unterstützt er Schulen im sportpädagogischen Wirken vor Ort.

Gedruckt auf umweltbewusst gefertigtem, chlorfrei gebleichtem und alterungsbeständigem Papier.

1. Auflage 2015

Coverfoto: © roostler - Fotolia.com
Grafik innen: Thomas Binder
Fotos: Stephan Herzberg
Satz: Satzpunkt Ursula Ewert GmbH

ISBN: 978-3-403-23525-5

www.persen.de

Vorwort

Liebe Leserin, lieber Leser,

im Sommer 2001 bin ich als Diplomsportlehrer zur Abdeckung des gesamten Sportunterrichts an meine Schule gekommen. Dort unterrichte ich seitdem mit voller Stelle ausschließlich Sport in den Klassenstufen 1 bis 4.

In weiteren beruflichen Betätigungsfeldern im Bereich der Erwachsenenbildung und der Lehreraus- und -fortbildung steht Kinder- und Nachwuchsarbeit seit Langem im Mittelpunkt meiner Arbeit. Hieraus resultiert ein umfangreicher Erfahrungsschatz. Es ist mir ein Anliegen, Ihnen durch dieses Buch meinen subjektiven Zugang zum Fach Sport zur Verfügung und zur Diskussion zu stellen.

Bei zahlreichen Gesprächen, die ich im Rahmen meiner Tätigkeiten führte, stieß ich immer wieder auf ähnlich gelagerte Problemfelder, Fragestellungen und Unsicherheiten. Gerade für Berufseinsteiger oder fachfremd Unterrichtende scheint mir der Bedarf an umfassender, praxisnaher Unterstützung in bewegungsfeldübergreifenden Fragestellungen und Unterrichtsprinzipien groß zu sein. Mir ist es besonders wichtig, zunächst für die fundamentalen, sportartübergreifenden Besonderheiten des Sportunterrichts zu sensibilisieren. Nur wenn grundlegende Fragen zum Bildungsauftrag des Schulsports und dem damit verbundenen didaktischen Blickwinkel reflektiert und beantwortet sind, ist meiner Meinung nach ein gewinnbringendes Unterrichten möglich.

Viele Kollegen spüren zwar die Bedeutung des Lernbereiches Sport, es fällt ihnen aber schwer, den Wert ihrer Arbeit zu reflektieren, zu verbalisieren und für sich und ihren Unterricht zu argumentieren. Die nachfolgenden Kapitel veranschaulichen die Wichtigkeit einer zeitgemäßen, handlungs- und kompetenzorientierten Sportpädagogik und geben Ihnen als Sportlehrkraft direkte Argumentationshilfen.

Entwicklung eines eigenen didaktischen Blickwinkels

Meine Ausführungen sollen Ihnen bei der Entwicklung eines eigenen didaktischen Blickwinkels und eines individuellen Selbstverständnisses als Sportlehrer hilfreich sein.

Das Umsetzen bildungspolitischer Vorgaben, wie das Formulieren von Könnensprofilen und Arbeits- bzw. Stoffverteilungsplänen, erfordert einen tiefen Einblick in den sportpädagogischen Auftrag. Die in diesem Buch aufgeführten Pläne und Raster erleichtern diese Arbeit, indem sie als Orientierung und Diskussionsgrundlage dienen.

Alle Kapitel beinhalten wertvolle Anregungen durch zahlreiche Beispiele aus dem Unterrichtsalltag. Insbesondere die Praxistipps geben konkrete bewegungsfeld- bzw. sportartunabhängige Ratschläge. Sie beziehen sich auf Besonderheiten des Sportunterrichts und helfen, klassische, immer wiederkehrende Fehler zu vermeiden. So können Sie die Fallstricke des Sportunterrichts sicher umgehen.

Es ist mein Anliegen, interessierten Kollegen praxisnahe Unterstützung auf dem Weg zu gutem Sportunterricht zu geben, ohne mich zu sehr in theoretischen Ausführungen zu verlieren.

„Wie viel Theorie ist zu viel, sodass die Ausführungen als zu abstrakt empfunden werden?“

„Wie viel Theorie ist zu wenig, sodass die Erklärungen der Zielgruppe nicht weiterhelfen?“

In diesem Zwiespalt entstand dieses Buch. Ich hoffe, dass es mir gelungen ist, den goldenen Mittelweg zu finden, und so den viel gescholtenen Theorie-Praxis-Graben ein wenig zu schließen.

Ein herzlicher Dank geht an die Schüler[1] meiner Schule, die auf den Fotos in diesem Buch mitgewirkt haben.

Viel Spaß beim Lesen!

Stephan Herzberg

Hinweise für den Leser

! Das Ausrufezeichen markiert die Kernaussagen bzw. die Intention der theoretischen Ausführungen.

Der Pfeil verweist auf wichtige Querverbindungen zu anderen Kapiteln.

Die Glühlampe gibt Ihnen Hinweise auf wichtige Tipps.

Der Daumen kennzeichnet Beispiele aus der Praxis.

Im grau hinterlegten Rahmen finden Sie Beispiele aus dem Unterricht, welche die vorhergehenden theoretischen Aussagen veranschaulichen und Impulse für die Praxis geben.
Anmerkungen, meist als kurzer thematischer Exkurs, erweitern das Verständnis und beleuchten Hintergründe.

Kinder haben eine sehr klare Vorstellung, wozu ihnen der Sportunterricht nutzt. Ihre sympathischen, altersgerechten Aussagen sind an der markanten Schriftart leicht zu erkennen und finden sich immer zu Beginn eines Kapitels.

[1] Wir sprechen hier wegen der besseren Lesbarkeit von Schülern bzw. Lehrern in der verallgemeinernden Form. Selbstverständlich sind auch alle Schülerinnen und Lehrerinnen gemeint.

1. Bildungsauftrag des Sportunterrichts

„Beim Sport wird das Gehirn ja auch ganz schön trainiert, beim Klettern z. B. muss man echt gute Ideen haben und schlau sein!"

(Maria, 3. Klassenstufe)

Der Sportunterricht ist eingebunden in das pädagogische Gesamtkonzept der Grundschulbildung. Das Ziel dieser Bildung ist die **Befähigung zur aktiven Teilhabe an unserer Gesellschaft und ihren vielfältigen Teilsystemen**. Es geht aus meiner Sicht in unserem Bildungssystem also nicht vornehmlich darum, die Weichen für einen möglichst hohen Bildungsabschluss zu stellen, damit die erfolgreiche Partizipation am wirtschaftlichen System gesichert scheint. Es geht vielmehr auch um den erweiterten Zugang zu kulturellen, religiösen, sportlichen und anderen sozialen Teilsystemen und die dafür notwendige Wesensbildung.

Wie jedes andere Schulfach muss sich auch der Sportunterricht in diesem Zusammenhang fragen lassen, welchen Beitrag er zum Bildungsauftrag der Grundschule leistet.

„Braucht man die Grätsche über den Bock, um ein mündiger Bürger zu werden?"

„Hilft der Handstand auf dem Weg zum Erwachsenwerden?"

Die vielfältigen Ziele des Sportunterrichts sind oft nicht auf den ersten Blick erkennbar und somit auch nicht der Beitrag, den der Sportunterricht im Rahmen der Grundschulbildung leistet.

Ein Grund könnte darin liegen, dass Sportunterricht in hohem Maße auf implizite Lernprozesse setzt. Das heißt, dass sich die für den pädagogischen Auftrag bedeutsamen Lernziele nicht immer durch die inhaltliche Ausgestaltung des Unterrichts erschließen.

Beispiel

Die Schüler einer vierten Klasse erarbeiten sich das Aufschwingen in den Handstand. Sie nutzen dafür selbstständig eine Lerntheke mit Übungsaufgaben. Um erfolgreich zu sein, müssen die Schüler unter anderem:

- eigenverantwortlich und zielorientiert arbeiten,
- sich untereinander organisieren,
- Frustrationstoleranz entwickeln,
- Verantwortung für sich und andere übernehmen, sowie
- eigene Grenzen erkennen und ggf. Hilfe bei dem Lehrer erbeten.

Selbstorganisation bei der Erarbeitung des Handstands mithilfe der Lerntheke

Das vordergründige motorische Lernziel „Handstand" wird also durch Lernziele ergänzt, die für die Prägung eines Wertesystems hilfreich sind und damit einen wichtigen Beitrag zum Bildungsauftrag der Grundschule darstellen.

Siehe auch Kapitel 3: Unterrichtsverfahren, Rolle der Lehrkraft und methodische Maßnahmen

Somit verfolgt die Erziehungsarbeit im Sportunterricht zwei wesentliche Intentionen: die **überfachlichen Intentionen** und die **fachspezifischen Intentionen**.

Sowohl Inhalt als auch Bedeutung der beiden Bereiche werden in den folgenden Kapiteln skizziert.

Anmerkung

Die Gewichtung der Intentionen, also ob überfachliche oder fachspezifische Erziehungsziele stärker in den Mittelpunkt gerückt werden, sagt viel über den didaktischen Blickwinkel der Lehrkraft und über deren pädagogisches Selbstverständnis als Sportlehrer aus.

In der sportpädagogischen Ausrichtung ist häufig ein scheinbar paradoxes Phänomen zwischen ausgebildeten Fachlehrern und Kollegen, welche fachfremd eingesetzt werden, zu beobachten.
Lehrkräfte, die im Bereich der methodischen Wege und der Vermittlung der Sportarten gut geschult sind, relativieren oftmals die Bedeutung der motorischen Lernziele. Sie entscheiden sich bewusst für Vermittlungsstrategien, die soziale und personale Kompetenzen, also überfachliche Ziele, stärker in den Mittelpunkt stellen.
Fachfremde Kollegen fokussieren sich hingegen oft erstaunlich stark darauf, dass die Schüler normierte Fertigkeiten und Körpertechniken erlernen – obwohl der Lehrkraft selbst hierzu die Ausbildung fehlt.
Die Erklärung dieses erstaunlichen Unterschieds liegt eventuell in einem veralteten und zu engen Verständnis von Sportunterricht. Vielleicht projiziert der Lehrer auch eigene Erfahrungen auf den Schulsport.
Der Sportunterricht bietet den Schülern aber mehr als nur die Möglichkeit, bestimmte Bewegungsabläufe zu erlernen. Und auch Sie als Lehrkraft sollten den Sportunterricht mit seinen bewegten und belebten Lernfeldern intensiv nutzen, um die eigenen überfachlichen pädagogischen Anliegen weiterzuentwickeln.

Lehrkräfte sollten sich zunächst auf die eigenen Stärken und Ziele ihrer Pädagogik besinnen, diese gewinnbringend im Sportunterricht umsetzen und sich dann gezielt bewegungsfeldspezifisch und methodisch fortbilden!

1.1 Überfachliche Intentionen

„Beim Sport muss man nett und fair sein. Da kann vielleicht sogar aus meinem Erzfeind mein Erzfreund werden!"

(Sven, 1. Klassenstufe)

Wie bereits beschrieben, leistet der Sportunterricht einen Beitrag zur Bildung der Kinder, der weit über das Motorische hinausgeht. Sport ist eingebunden in ein pädagogisches Gesamtkonzept. Wie alle anderen Fächer auch, strebt der Sportunterricht die **Entwicklung übergreifender Persönlichkeitsmerkmale** an.

„Du bist gar kein Lehrer, die Frau Mühlenkamp ist Lehrer! Du bist ja nur Sportlehrer." Dieser amüsante Satz, den ein Erstklässler einmal zu mir sagte, betont nicht nur den Stellenwert „seiner" Klassenlehrerin. Er lässt auch vermuten, dass das Betätigungsfeld Sport vielleicht gerade deshalb erzieherisch wirken kann, weil es Kindern und Jugendlichen auf den ersten Blick pädagogisch „unverdächtig" erscheint. Sport besitzt eine hohe Emotionalität und großen Aufforderungscharakter für die Schüler. Seine Struktur bedingt intensive Interaktionsmuster. Daraus ergibt sich ein hohes Konfliktpotenzial, daß Sie als Lehrer in hohem Maße zur Entwicklung sozialer und personaler Kompetenzen nutzen können. Wie dies im Sportunterricht gelingen kann, wird im Folgenden exemplarisch beschrieben.

Besonders die Erfahrung „Ich kann das!" in Bereichen, die für die Schüler bedeutsam sind, lassen Zielstrebigkeit und Leistungsfreude wachsen. Außerdem wird eine positive Anstrengungsbereitschaft gefördert.

Beispiel
An einer Kletterwand sollen die Kinder verschiedene Routen mit verschiedenen Schwierigkeitsgraden bewältigen. Mit jedem neuen Versuch steigen Mut und Geschick, sodass irgendwann das obere Ende der Kletterwand erreicht wird.
Die Rückkopplung über den Fortschritt ist eindeutig und der Schüler kann den Erfolg ausschließlich sich selbst zuschreiben. Die Wertschätzung durch die Klasse und den Lehrer (z. B. bei einer Präsentation) unterstützt das Erfolgserlebnis zusätzlich.

Wichtig
Aufgabenstellung und Material müssen so gewählt sein, dass durch Differenzierung jedes Kind (noch) leistbare Herausforderungen bekommt.

Der Sieg-Niederlage-Code des sportlichen Spiels sowie Misserfolge in der Erarbeitung von motorischen Fertigkeiten erfordern **Frustrationstoleranz** und **Selbsteinschätzung.**

Team- und Kooperationsfähigkeit und ein **gesundes Konkurrenzverhalten** werden in allen Mannschaftsspielformen verlangt. Wenn kein Schiedsrichter das Spiel leitet, benötigen die Schüler außerdem **Konfliktlösungsstrategien**, die sie miteinander anwenden.

Beispiel

„Der Ball war aus!" „War er nicht!" „Doch!" „Nein!": Zwei Spieler stehen sich unversöhnlich gegenüber. Bestimmt sind beide von der Wahrheit ihres Standpunktes überzeugt. Eine Lösung ist nicht in Sicht.
Auf den ersten Blick scheint es hilfreich, einen Schiedsrichter einzusetzen. Dieser würde aber verhindern, dass die Schüler miteinander Konfliktlösungsstrategien entwickeln.
Nutzen Sie daher das moderierte Unterrichtsgespräch, um den Konflikt zu lösen und soziales Lernen zu unterstützen: *„Warum gab es Streit? Wer hätte wie reagieren können? Was wird als fair oder unfair empfunden?"*
Egal ob Nachgeben, Wiederholung oder „eigener Mann!" – Kinder finden und akzeptieren eigene Lösungswege!

(Erklärung „eigener Mann": Gemeint ist ein Spieler der eigenen Mannschaft, der im momentanen Konflikt Partei für die Gegner ergreift. Diese Tatsache hat bei Kindern großes Gewicht. Interessanterweise wird der Begriff „eigener Mann" sogar von reinen Mädchenmannschaften verwendet.)

Die **Selbstorganisation** von Aufwärmphasen und später von ganzen Spielstunden lässt die **Kommunikationsfähigkeit** und ein elementares **Demokratieverständnis** bei den Schülern wachsen. Sich auf ein gemeinsames Spiel zu einigen, den Aufbau und die Durchführung des Spiels zu organisieren, die Regeln einzuhalten und dieses zu überwachen, erfordern ein hohes Maß an Bereitschaft von den Schülern, sich ein- bzw. unterzuordnen. Außerdem benötigen die Schüler eine ausgeprägte **Kompromissfähigkeit**.

Hilfestellungen beim Turnen oder Sichern an der Kletterwand verlangen **Hilfsbereitschaft** und **Verantwortungsbewusstsein**.

Besonders wertvolle Anknüpfungspunkte zur Umsetzung pädagogischer Anliegen bietet das Bewegungsfeld „Ringen und Raufen". Bei methodisch richtiger Anbahnung sind bedeutsame Lebensweltbezüge leicht herstellbar, zum Beispiel zum Thema **Selbstbehauptung** und **Selbstbestimmung**:

Beim Raufen und Ringen gilt – wie im ganzen Leben – die „Stopp-Regel". Die Schüler verinnerlichen: *„Niemand darf mich so anfassen, dass es wehtut, oder so, dass es mir unangenehm ist."*

Außerdem lernen die Schüler beim Ringen und Raufen, die Sach- und die Beziehungsebene bei Konflikten zu trennen: *„Wir nehmen keine schlechten Gefühle von der Matte mit und grüßen uns auch deshalb mit Handschlag oder Verbeugung an und ab."*

Begeisterung für Spiel und Sport nutzen

Der Sportunterricht sollte die kindliche Begeisterung für Spiel und Sport für die Persönlichkeitsentwicklung der Schüler nutzen. Denn Sport beschert den Kindern in besonderem Maße **Könnens- und Erfolgserlebnisse** und schult personale und soziale Kompetenzen. Ich möchte sogar so weit gehen, dass die Sportlehrkraft bei der Vermittlung fachspezifischer Inhalte ihre überfachlichen pädagogischen Intentionen meist als gleichberechtigte Lernziele der Stunde definieren kann.

Damit dies gelingen kann, sind **induktive, schülerzentrierte Unterrichtsverfahren** notwendig. Sie werden in Kapitel 3 dargestellt. Im Sportunterricht kann so eine pädagogische Freiheit genutzt werden, die sich in für die Schullaufbahn relevanten Fächern meist nicht in so hohem Umfang realisieren lässt.

Beispiel

„Ihr dürft eure Stunde selbst gestalten. Ihr könnt zwar spielen was ihr wollt, aber nicht wie ihr wollt!"

Das Beispiel hört sich nach einer entspannten Lehrerstunde an, da der Lehrkraft ja offensichtlich keine Aufgabe zufällt. Bis den Schülern aber solche Stunden gelingen, muss viel Erziehungsarbeit geleistet werden, unzählige problembezogene Unterrichtsgespräche geführt und benötigte Strategien angebahnt werden. Umso größer sind Stolz und Arbeitszufriedenheit des Lehrers und der Lernenden beim Gelingen!

Wichtig

Das genannte Beispiel stellt die „höchste Entwicklungsstufe" dar. Teilaspekte müssen erst unter Anleitung geübt und dann zusammengefügt werden. Dann erst kann die Aufgabenstellung zunehmend geöffnet werden.

! Das sportliche Spiel mit seinen intensiven Interaktionsmustern sollte von der Lehrkraft genutzt werden, um übergeordnete Erziehungsziele umzusetzen.
Wenn der Sportunterricht sich wie skizziert definiert, leistet er einen wertvollen Beitrag zum Bildungsauftrag der Grundschule und sollte keine Legitimationsprobleme mehr haben.

Damit beispielsweise das Spiel „Tsetsefliege" in Selbstorganisation gelingt, müssen die Kinder Materialbeschaffung, Aufbau und Gruppen- bzw. Rolleneinteilung leisten.

Beispiel: Das Spiel „Tsetsefliege"

Ein Fänger (die „Tsetsefliege") pikst die Kinder und „infiziert" sie mit der Schlafkrankheit. Deshalb können die „Erkrankten" sich nur noch zu Boden setzen und müssen vom „Krankenwagen" in die „Klinik" gefahren werden. Dort erreicht der „Arzt" mit der „Kitzeltherapie" schnelle Heilung, sodass die Kinder weiterlaufen können. „Ärzte" und „Sanitäter" sind geimpft und können nicht infiziert werden.

Je nach Gruppengröße müssen die Anzahl der Tsetsefliegen, Krankenwagen und Kliniken variiert werden.

Spiel „Tsetsefliege“:
Anlieferung der Kranken mit Rettungswagen und erfolgreiche Kitzeltherapie durch den Arzt.

1.2 Fachspezifische Intentionen

„Ich bin ja nicht so groß wie die anderen. Basketballer müssen sich immer so strecken und zum Korb springen und sind deshalb so groß. Wenn wir im Unterricht viel Basketball spielen, werde ich vielleicht auch noch so groß wie die Basketballer."

(Nico, 1. Klassenstufe)

Die Vermittlung von Fitness, Gesundheit und sportartspezifischen Körpertechniken ist selbstverständlich eine zentrale Aufgabe des Schulsports. Eines der obersten Ziele des Sports in der Schule muss es daher sein, die Schüler an ein **lebenslanges Sportengagement** heranzuführen. Hierbei spielt es zunächst keine Rolle, ob die Sinndimension Leistung, Fitness, Gesundheit, Stressabbau, soziale Einbindung, Naturerlebnis usw. ist. Meist handelt es sich sowieso um eine Mischform. Auch verschieben sich im Laufe des Lebens die Beweggründe zum Sporttreiben.

Selbstverständlich ist auch das Sportsystem ein Teilsystem unserer Gesellschaft und unseres kulturellen Erbes. Somit ist es nach dem zuvor skizzierten Bildungsverständnis die Pflicht der allgemeinbildenden Schulen, den Sport in vielfältigen Facetten vorzustellen und interessierten und talentierten Schülern einen Zugang zu ermöglichen.

Tipp
Der Einstieg von Schülern in den Vereinsport kann positiv unterstützt werden, indem Sie als Lehrer am Ende eines thematischen Blocks den jeweiligen Vereinstrainer zu einer Stunde einladen. Das Kennenlernen des Übungsleiters in der Schule senkt bei den Schülern die Hemmschwelle zum Besuch eines Schnuppertrainings im Verein deutlich.

Das Grundschulalter ist besonders wertvoll, um die Einstellung der Schüler zum Sport zu prägen und einen Zugang zu ermöglichen. Nie wieder werden sich die Schüler mit vergleichbarer **Begeisterungsfähigkeit und Offenheit** auf unterschiedliche Bewegungsfelder einlassen. Des Weiteren zeigen Kinder im Grundschulalter besonders große Lernfortschritte im Bereich der Bewegungskoordination.

Die Entwicklung einer breit angelegten koordinativen Bewegungserfahrung ist für den weiteren sportlichen Werdegang der Schüler von enormer Bedeutung. Versäumnisse können später meist nur noch unter großem Aufwand kompensiert werden.

Konditionelle Fähigkeiten sind im Grundschulalter ebenfalls gut trainierbar und für die Gesundheit des Kindes bedeutsam, können jedoch nicht konserviert werden und verlieren sich schnell wieder. Im Gegensatz hierzu bedeutet ein Lernfortschritt im koordinativen Bereich einen „Vorsprung fürs Leben".

Kinder für das Sporttreiben zu begeistern und den Zugang zum Sportsystem zu ermöglichen, ist zentrale Aufgabe des Unterrichts.

Anmerkung

Aufgrund einer veränderten Bewegungswelt unserer Kinder hat sich auch die körperliche Leistungsfähigkeit der Schüler verändert. Die Schere in diesem Bereich geht immer weiter auseinander. Elementare Erfahrungen im motorischen, aber auch im sozialen Entwicklungsbereich, sind unter anderem durch das Bewegungsverhalten in der selbstbestimmten Freizeit und die Verinselung der kindlichen Lebenswelt reduziert worden. Deshalb ist die schulische Bewegungsförderung vielleicht sogar wichtiger als jemals zuvor.

Das Balancieren auf der Mauer am Schulweg, *„Schaffe ich es, die Treppenstufen vor der Gemeindehalle mit dem Fahrrad zu bewältigen?“* oder das Klettern auf den Baum, um den Ball zu holen: Diese und ähnliche Erfahrungen können Kinder heute deutlich seltener sammeln als noch vor 30 Jahren. Dass sich die motorischen Fähigkeiten der Grundschüler in den letzten 30 Jahren zum Negativen verändert haben, ist reichhaltig dokumentiert.
Weitere Ausführungen würden an dieser Stelle zu weit gehen. Vorschnelle Bewertungen oder leichtfertige Erklärungen sind sicherlich nicht hilfreich. Viel zu komplex ist die Suche nach den Ursachen.
Es kann aber festgehalten werden:

Der Schulsport ist die einzige Bewegungsförderung, die alle Kinder erreicht.[2]

Zur Systematisierung der sportspezifischen Lernfelder im Grundschulsportunterricht wird meist eine Einteilung in **Bewegungsfelder** vorgenommen. Diese werden im folgenden Kapitel vorgestellt.

[2] Umfangreiche Informationen über das Aufwachsen der Kinder in Deutschland vor dem Hintergrund unserer Gesundheits-, Bildungs- und Sportsysteme finden Sie im Kinder- und Jugendsportbericht von Werner Schmidt. Nähere Angaben siehe Literaturliste.

1.2.1 Von Sportarten zu Bewegungsfeldern

„Wir knallen ja ständig zusammen, da muss man sich ganz oft entschuldigen. So lernt man das, und kann es dann im richtigen Streit!"

(Anna, 1. Klassenstufe)

In den derzeit aktuellen Rahmenplänen werden Sportarten nicht mehr explizit genannt. Der Begriff der **Bewegungsfelder** hat sich in den Lehrplänen im Grundschulsport durchgesetzt und findet mit ähnlicher Systematisierung und Terminologie in den meisten Bundesländern Anwendung. Der bewusste Verzicht auf das konkrete Benennen von Sportarten und ihres Sprachgebrauchs weitet den Blick auf das jeweilige sportliche Betätigungsfeld.[3]

Beispiel
Würde das Bewegungsfeld „Bewegen an Geräten" schlichtweg „Turnen" heißen, so würde eine große Mehrzahl der Lehrkräfte hierunter in erster Linie normiertes Turnen verstehen (also das Erlernen klar definierter und nach festgelegten Kriterien bewertbarer turnerischer Elemente wie Handstand oder Felgaufschwung). Aber auch Klettern, Balancieren, Schwingen usw. in kindgerechten Arrangements ist (normfreies) Turnen bzw. „Bewegen an Geräten".

Normfreies Turnen in Klassenstufe 2

[3] Die hier verwendete Einteilung in die Bewegungsfelder und deren Benennung orientiert sich am „Rahmenplan Grundschule – Teilrahmenplan Sport" des Landes Rheinland-Pfalz. Den Teilrahmenplan Sport finden Sie unter www.grundschule.bildung-rlp.de.

Wichtig ist, dass die Bewegungsfelder nicht als eigenständige Dimensionen verstanden werden. Sie haben untereinander große Schnittmengen. Viele Inhalte lassen sich verschiedenen Feldern zuordnen.

Beispiel
Fang- und Laufspiele gehören ebenso zu dem Feld „Miteinander und gegeneinander spielen“ wie zum Feld „Laufen, Springen, Werfen und Stoßen“, da sie beispielsweise Laufgewandtheit und Bewegungsschnelligkeit schulen.

Einhergehend mit der Einführung der Systematisierung in Bewegungsfelder wurden die klassischen Lehrpläne durch Rahmenpläne ersetzt. Die offenen Formulierungen moderner Rahmenpläne lassen Ihnen als Lehrkraft zahlreiche Gestaltungsmöglichkeiten.

Beispiel
Wenn in der vierten Klasse zum Einstieg in das Bewegungsfeld „Bewegen an Geräten“ nicht das tradierte Turnen, sondern die Trendsportart Parkour gewählt wird, dann spricht dies vielleicht verstärkt das Lebensgefühl der Kinder an. Dies motiviert die Schüler später dazu, auch an normierten turnerischen Fertigkeiten zu arbeiten.

Tipp
Besonders gut wirken zu Beginn kleine Videosequenzen, die über die Herkunft, Philosophie und Lebensgefühl des Parkourrunnings informieren.

Der offene und geweitete Blickwinkel auf das sportliche Geschehen schließt das Trainieren normierter Fertigkeiten nicht aus. Sie sind weiterhin Teil der sportlichen Grundausbildung und notwendig, damit das schulische Wettkampfwesen funktionieren kann, Vergleichbarkeit gegeben ist und der Übertritt zum Sportunterricht der weiterführenden Schulen gelingt.

Dies setzt aber voraus, dass in den jeweiligen Bewegungsfeldern Klarheit über die anvisierten Bildungsstandards am Ende der Grundschulzeit herrscht. Hierbei helfen die im folgenden Kapitel formulierten **Könnensprofile**.

1.2.2 Könnensprofile der Bewegungsfelder

„Wer nicht weiß, wo er hinwill, muss sich nicht wundern, wenn er woanders ankommt!“ So simpel dieser Ausspruch von Mark Twain auch klingen mag, er birgt viel Wahrheit. Um die Ziele des Grundschulsports zu erreichen, sind Könnensraster eine sinnvolle Hilfestellung.

! Könnensprofile formulieren die Bildungsziele und Etappen auf dem Weg zu den Bildungsstandards.

Die Könnensprofile benennen das **Eingangsniveau** und formulieren die **anvisierten Standards nach der Grundschulzeit**. Zwischenstufen dienen der Systematisierung des Lernweges. Auch wenn sie sich vermeintlich einzelnen Klassenstufen zuordnen lassen, sind sie **kein** „stufenbezogener Lehrplan“. **Das Öffnen der Unterrichtsanforderungen nach unten und oben ist ein wesentliches Merkmal differenzierten Unterrichtens.**

Beispiel
Eine gute Vereinshandballerin kann schon im zweiten Schuljahr in der Sportspielvermittlung eine hohe Könnensstufe erreicht haben. Im Turnen wird sie vielleicht in der vierten Klassenstufe mit Aufgaben konfrontiert, die einer niedrigeren Könnensstufe entsprechen. Das individuelle Leistungsprofil bestimmt die Aufgabenstellung.

Könnensstufen sind vielseitig einsetzbar. Als individuell geführte **Schülerbeobachtungsbögen** sind sie ein hilfreiches Instrument. Ausgefüllte Bögen dienen als **Leitfaden für Elterngespräche** und helfen nicht zuletzt bei der **Leistungsbeurteilung**. Im Rahmen von Verbalbeurteilungen sind sie mit wertenden Füllwörtern als **Formulierungsbeispiele** hilfreich.

Beispiel
Könnensprofile werden durch wertende Beschreibungen (*kursiv*) individualisiert: „Schüler X passt und fängt den Ball in bewegten Übungsformen *zunehmend / häufig / immer / noch unzureichend / stets / zuverlässig ... sicher.*“

Allgemeingültige, für alle Schulen geltende Könnensprofile zu formulieren, ist aus meiner Sicht nicht möglich. Zu unterschiedlich sind die Bedingungsfelder des Sportunterrichts an den verschiedenen Schulstandorten. Die **räumlichen, organisatorischen und materiellen Gegebenheiten vor Ort** sind höchst heterogen, sie lassen nicht immer die Umsetzung aller Lernziele zu.

Auch die **Sozialstrukturen der Schülerschaft** und natürlich Ihre **Lehrerpersönlichkeit**, Ihr Selbstbild als Lehrer und Ihre individuelle Sportbiographie unterscheiden sich erheblich. Daher sind die im Folgenden zu findenden Kompetenzraster nur exemplarisch. Sie dienen der Orientierung und als Diskussionsgrundlage.

Könnens- bzw. Kompetenzraster geben allerdings nicht Auskunft über die gewählte inhaltliche, zeitliche und methodische Ausgestaltung des Lernweges im Laufe der Grundschulzeit. Hierzu dienen die **Arbeits- und Stoffverteilungspläne**, die Sie im nächsten Kapitel finden.

Im Folgenden werden nun aber zunächst die verschiedenen Bewegungsfelder vorgestellt.

1.2.2.1 Bewegungsfeld „Miteinander und gegeneinander spielen"

Das Bewegungsfeld „Miteinander und gegeneinander spielen" beinhaltet drei Komplexe: das „Ringen und Raufen", „Kleine Spiele" und die „Hinführung zu den Sportspielen". Die beiden zuletzt genannten Felder werden in den Könnensprofilen zusammengefasst, da die Überschneidungen groß sind. In den meisten kleinen Spielen finden sich Aspekte, die der Sportspielvermittlung zugute kommen.

Kleine Spiele und integrative Sportspielvermittlung

Kleine Spiele sind einfache Lauf-, Fang- oder Ballspiele, die leicht, verständlich und ohne methodische Anbahnung jederzeit in den Unterricht integriert werden können. „Klassiker" aus diesem Bereich sind Kettenfangen, Abwerfball oder Völkerball in allen Variationen.

Kleine Spiele helfen den Schülern, eine grundlegende Spielfähigkeit zu entwickeln – sowohl im motorischen wie auch im sozialen und emotionalen Bereich. Die Spiele lassen sich je nach Zielsetzung verschiedenen Bewegungsfeldern zuordnen, und sind deshalb ganzjährig Bestandteil des Sportunterrichts.

Beispiel 1
Lauf- und Fangspiele entwickeln Laufgewandtheit und -ausdauer. Sie lassen sich also auch dem Bewegungsfeld „Laufen, Springen, Werfen und Stoßen" zuordnen.

Beispiel 2
Übungen aus der technikorientierten Ballschule kommen der Sportspielvermittlung, der Auge-Hand-Koordination, der Rechts-links-Koordination und der leichtathletischen Wurfschulung zugute. Sie lassen sich also unterschiedlichen Bewegungsfeldern zu ordnen.

Auch wenn die Bezeichnung es vermuten ließe, der Einsatz kleiner Spiele ist nicht eine Frage des Niveaus der Schüler. Auch wenn die allgemeine Spielfähigkeit schon längst erreicht ist, lassen sich durch den Einsatz kleiner Spiele spezifische Fähigkeiten auf jeder Könnensstufe weiterentwickeln.[4]

[4] Wenn Sie sich weiterführend über die „Kleinen Spiele" informieren möchten, empfehle ich Ihnen „Kleine Spiele" von Bernd Wehren und „Spielen – Spiele – Spiel" von Heinz Lang (siehe Literaturliste).

Beispiel
Spiele zum Trainieren der Reiz-, Reaktions- und der Bewegungsschnelligkeit, wie z. B. „Küken bewachen“, werden von vielen Sportlern auf jedem Niveau eingesetzt.

Beim Spiel „Küken bewachen“ steht der „Fuchs“ einer Reihe von „Hühnern“ gegenüber. Vorne in der Reihe steht die „Henne“, vor der der „Fuchs“ großen Respekt hat. Hinter ihr reihen sich die „Küken“ auf und greifen den Vordermann an der Hüfte. Ganz hinten in der Reihe steht das kleinste „Küken“. Ihm hängen „Schwanzfedern“ (Leibchen/Parteiband) aus der Hose. Diese Federn will der „Fuchs“ rupfen und versucht deshalb, mit blitzschnellen Tricks, Scheinangriffen und geschickten Manövern an der „Henne“ vorbeizukommen. Die „Henne“ stellt sich jedoch immer reaktionsschnell in den Weg, während die „Küken“ versuchen, sich vom Räuber fernzuhalten. Der „Fuchs“ hat gewonnen, wenn er die Federn gerupft hat, die Kette der „Hühner“ zerreißt oder ein Teil der Kette am Boden liegt. (Nach kurzer Zeit wird gewechselt, damit jedes Kind alle Rollen durchlaufen hat.)

Der Sportunterricht in der Grundschule kann und soll die verschiedenen großen Sportspiele wie Handball, Fußball oder Basketball nicht einzeln aufgreifen und additiv schulen. Das Hinführen zu den großen Sportspielen folgt im Idealfall der Idee der **integrativen Sportspielvermittlung**. Die Idee dahinter: Die Sportspiele haben übergreifende Gemeinsamkeiten. In spezifischen Spielformen lernen Schüler diese kennen und situationsgerecht zu handeln. Am Ende der Grundschulzeit oder in der weiterführenden Schule kann dann auf dieser Basis in verschiedene sportartspezifische Richtungen aufgebaut werden.[5]

Ballschule zur Verbesserung taktischer Basiskompetenzen

[5] Wenn Sie sich weiterführend über die Sportspiele informieren möchten, empfehle ich Ihnen „Große Spiele“ von Bernd Wehren sowie „Ballschule – Ein ABC für Spielanfänger“ von Christian Kröger und Klaus Roth (siehe Literaturliste).

Beispiel
Erarbeitung der taktischen Basiskompetenzen „Ballbesitz kooperativ sichern“ und „Lücke erkennen und durchspielen“: In einer Spielform kann gepunktet werden, wenn es gelingt, mit einem Bodenpass durch einen von mehreren am Boden liegenden Reifen einen Mannschaftspartner anzuspielen (siehe Bild Seite 16). Um erfolgreich zu sein, muss die Partner- bzw. Gegnerbewegung beobachtet werden, es müssen Lücken erkannt und durchspielt werden. Zur Entwicklung eines übergreifenden Spielverständnisses ist es zunächst unerheblich, ob der Ball in kleinen Spielen mit der Hand, dem Fuß oder mit einem Schläger gespielt wird.[6]

Könnensprofil: **„Mit- und gegeneinander spielen“ (integrative Sportspielvermittlung und *kleine Spiele*)**
Der Schüler ...
... kann Eigenschaften des bewegten Balles in elementaren Übungsformen lesen und antizipieren.
... kennt verschiedene kleine Spiele und agiert situationsgerecht.
... liest Ball- und Gegner-/Partnerbewegung in kleinen Spielen und reagiert situationsgerecht.
... reflektiert einfache Spielideen und die Bedeutung von Regeln.
... wirft zielgenau und situationsgerecht im Rahmen einfacher Spiel- und Übungsformen.
... entwickelt eigenes Spielverhalten, in dem Ehrgeiz, Kooperation und Rücksichtnahme zum Gelingen des Spiels beitragen.
... fängt den Ball in einfachen Übungsformen zunehmend sicher.
... passt und fängt den Ball in unbewegten/bewegten Übungsformen.
... führt den Ball sportartgerecht.
... wendet ausgewählte taktische Basiskompetenzen in einfachen Spielformen an.
... entwickelt eigene Regelideen und erprobt diese mit anderen Kindern.
... wendet taktische Basiskompetenzen in einfachen und komplexen Spielformen an.
... entwickelt eigene Spielideen.
... beteiligt sich situationsgerecht an vereinfachten Formen der großen Sportspiele.
... leitet das Spiel regelkundig, selbstbewusst und fair.

[6] Für weitere Informationen empfehle ich Ihnen „Spielen und Bewegen mit Ball – Handreichungen für das Fußballspielen in der Grundschule“ vom Deutschen Fußball-Bund (siehe Literaturliste).

Ringen und Raufen

„Ringen und Raufen“ entspricht nicht nur dem kindlichen Naturell, es ist zudem ein pädagogisch außerordentlich wertvolles Bewegungsfeld. Es handelt sich hierbei nicht um eine Zweikampfschulung im Sinne der Kampfsportarten, sondern um **altersgemäßes Kräftemessen und Toben**. Im Rahmen enger Regelvorgaben – lediglich Schieben und Ziehen in allen erdenklichen Formen sind erlaubt – kämpfen die Kinder partner- und gruppenweise.

Voraussetzung für das Gelingen ist allerdings eine methodisch richtige Anbahnung. Außerdem sollten intensive reflektierende Unterrichtsgespräche geführt werden.

Zur methodisch behutsamen Anbahnung des „Ringens und Raufens“ gehören im Groben folgende Schritte:

- Körperkontakt anbahnen bzw. zulassen (über kooperative Aufgaben)
- Kräftemessen, zunächst indirekt (Ringen um einen Gegenstand), dann direkt
- Zweikampfspiele
- Gruppenkämpfe

Beispielhafte Anknüpfungspunkte für Unterrichtsgespräche sind:

- Körperkontakt erfordert Hygiene.
- Jeder Konflikt hat Regeln, nicht nur der freiwillig eingegangene Sportringkampf: *„Streit ist nie eine regelfreie Zone.“*

Es gibt in jeder Auseinandersetzung klare (sowohl körperliche wie auch verbale) Grenzen:

- Die Stopp-Regel gilt für das ganze Leben. So können die Schüler Selbstbehauptung trainieren. *„Niemand hat das Recht uns zu verletzen oder auf unangenehme Art und Weise zu berühren.“*
- Das An- und Abgrüßen zeigt nicht nur Respekt, sondern symbolisiert die Trennung von Sach- und Beziehungsebene: *„Wir nehmen keine schlechten Gefühle mit von der Matte.“*

Wenn das Feld „Ringen und Raufen“ wie skizziert interpretiert wird, kann es die Klassenatmosphäre über den Sportunterricht hinaus bereichern.[7]

[7] Wenn Sie sich weiterführend zum Thema informieren wollen, empfehle ich Ihnen „Ringen und Kämpfen“ von Felix Busch, „Kämpfen, Ringen und Raufen“ von Harald Lange und Silke Sinning sowie „Ringen, Raufen, Kämpfen – aber fair!“ von Miriam Beitzen (siehe Literaturliste).

Könnensprofil: „Mit- und gegeneinander spielen“ (Ringen und Raufen)
Der Schüler …
… kooperiert bei Bewegungsaufgaben mit anderen Kindern.
… lässt Körperkontakt in kooperativen Aufgaben zu und baut Vertrauen zu seinen Mitschülern auf.
… kämpft mit einem Partner regelkonform um ein Spielgerät.
… akzeptiert die Entscheidungen des Schülerkampfrichters.
… ringt selbstständig regelkonform und situationsgerecht in vorgegebenen Partnerkämpfen.
… organisiert sich selbstständig mit anderen Kindern zu Partnerkämpfen bei einer Auswahl von Zweikampfvarianten.
… übernimmt die Rolle des Schülerkampfrichters.
… erkennt den Sinn des An- und Abgrüßens.
… akzeptiert bei indirektem/direktem Kräftemessen die Gegner als Partner.
… erkennt den Sinn der Stoppregel und akzeptiert diese konsequent (Lebensweltbezug: Selbstbehauptung).
… ringt regelkonform und situationsgerecht in Gruppen- und Klassenkämpfen.

1.2.2.2 Bewegungsfeld „Bewegen an Geräten“

Obwohl das Bewegen an Geräten für Kinder noch hohen Aufforderungscharakter besitzt, lässt die Begeisterung für das Turnen mit zunehmendem Alter oft nach. Zumindest im Grundschulalter kann die Begeisterung für das Bewegen an Geräten noch genutzt werden, um ein breites Fundament an spezifischer Bewegungserfahrung zu sammeln.

Jegliche Formen des **Kletterns, Schwingens, Balancierens, des Stützens und des Drehens** um verschiedene Achsen in freier oder angeleiteter Form sind **kindgerechtes Turnen**! Aber erst wenn die erwähnten turnerischen Bewegungsgrundformen in vielfältiger Art freudvoll und angstfrei erlebt worden sind, ist eine Hinführung zum normierten Turnen sinnvoll.

Je breiter angelegt die Bewegungserfahrung in den Schuleingangsjahren ist, desto leichter fällt der Übergang zum fertigkeitsorientierten Turnen.

Beispiel
Überkopfsituationen sind nicht nur fester Bestandteil vieler turnerischer Übungsformen (z. B. Handstand), sie sind auch für viele Kinder mit Angst behaftet. Unwillkürliche, reflektorische Schutzbewegungen sind die Folge. Stemmendes Stützen mit den Armen und kontrolliertes Aufschwingen können unter diesen Voraussetzungen von den Schülern nicht geleistet werden.
Erst nachdem Überkopfsituationen in spielerischer Weise angstfrei und in vielfältiger Form erlebt wurden, kann ein vorgegebener Weg zum Aufschwingen in den Handstand umgesetzt werden.

Insbesondere fachfremde Sportlehrkräfte haben oft nicht die nötige Ausbildung im Bereich der Hilfestellungen und fühlen sich deshalb im Bewegungsfeld „Bewegen an Geräten“ unsicher. Leider wird dann das Turnen allzu oft fast gänzlich gemieden. Mein Tipp an Sie, wenn Sie fachfremd unterrichten: Entwickeln Sie einen weiten Turnbegriff. Sie sollten sich zunächst auf das nichtnormierte Bewegen an Geräten konzentrieren, da es überwiegend auf Gerätesicherung setzt.

In welcher Form oder inhaltlichen Ausgestaltung das Bewegen an Geräten auch durchgeführt wird, es ist ein wertvoller Bestandteil des Sportunterrichts und für die sportliche Grundausbildung der Kinder unverzichtbar.[8]

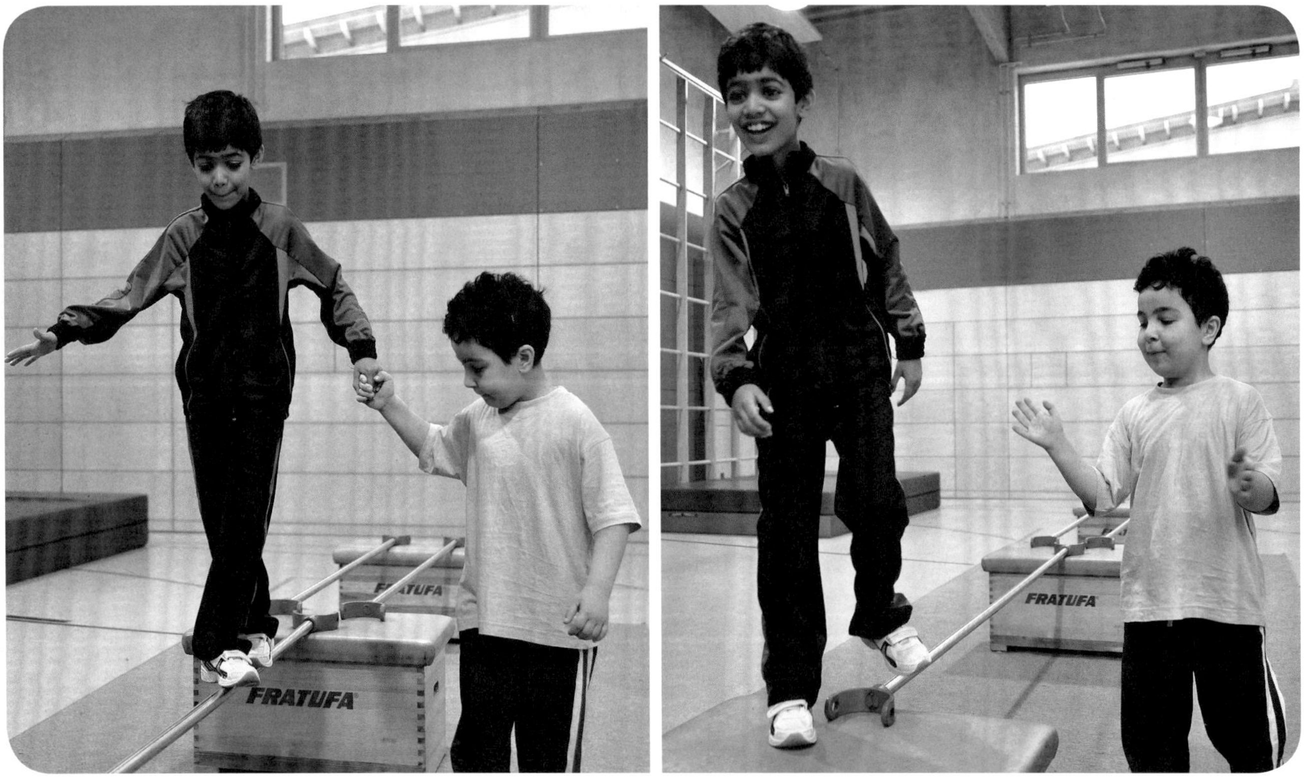

Gemeinsame Erfolgserlebnisse sind am schönsten!

[8] Wenn Sie sich weiterführend zum Thema informieren wollen, empfehle ich Ihnen „Basisbuch Gerätturnen“ von Ilona Gerling, „Geräteturnen – leicht gemacht – 7 Themenparcours für die Grundschule“ von Marion und Rupert Schwarz sowie „Kinder-Turnen im Grundschulalter“ von Axel Fries (siehe Literaturliste).

Könnensprofil: „Bewegen an Geräten“
Der Schüler …
… findet, probiert und löst Bewegungsaufgaben in Bewegungslandschaften wie z. B. einem komplexen Geräteparcours zum Thema „Piratenschiff“ oder „Dschungel“.
… zeigt Bewegungskreativität beim Lösen von vorgegebenen Bewegungsaufgaben an Geräten.
… erfindet eigene Kunststücke und Darbietungen an Geräten.
… organisiert sich altersgerecht mit anderen Kindern beim Einüben und Präsentieren von turnerischen Kunststücken.
… wendet turnerische Grundformen (hängen/schwingen/stützen …) in Bewegungslandschaften situationsgerecht an.
… zeigt Zielstrebigkeit und Mut, aber auch realistische Selbsteinschätzung beim Sammeln vielfältiger turnspezifischer Bewegungsmuster.
… kombiniert turnerische Grundformen (z. B.: Aus Springen und Stützen wird ein Stützsprung.) und erlangt so die Voraussetzungen für normierte Turnfertigkeiten.
… kennt Regeln der Hilfestellung und der Unfallverhütung im Turnen und übernimmt Verantwortung für Mitschüler.
… zeigt Zielstrebigkeit und Verantwortungsbewusstsein beim selbstständigen Erarbeiten von altersgerechten normierten Turnfertigkeiten.
… stellt selbstständig Übungen zu einer Kür zusammen und präsentiert diese.

1.2.2.3 Bewegungsfeld „Bewegen im Wasser“

Das Bewegungsfeld „Bewegen im Wasser“ stellt in vielerlei Hinsicht eine Besonderheit dar. Es ist nicht nur das einzige Bewegungsfeld im Medium Wasser, es stellt auch sehr spezifische Anforderungen an die Bewegungskoordination. „**Wassergefühl**“ als zentrale koordinative Fähigkeit zur Wasserbewältigung lässt sich nun mal nur im Wasser trainieren.

Des Weiteren ist es das Bewegungsfeld mit den geringsten Schnittmengen mit anderen sportlichen Lernfeldern. Synergieeffekte sind – wenn überhaupt – nur marginal vorhanden. Deshalb spielt für den Schwimmunterricht die außerschulische Bewegungserfahrung im Wasser eine besonders große Rolle.

Im Schwimmunterricht selbst sind personale Kompetenzen wie **Mut** und **Selbstüberwindung** beim Springen oder **Leistungsbereitschaft** und **Frustrationstoleranz** im Schwimmlernprozess unabdingbar. Soziale Lernfelder kommen aber nur untergeordnet zum Tragen.

Als Minimalziel des Schwimmunterrichts kann man die **Fähigkeit zur Selbstrettung** definieren. Leistungsstärkeren Schülern sollten Sie als Lehrer aber auch den Schwimmsport in seinen verschiedenen Facetten (Wasserspringen, Wettschwimmen, Synchronschwimmen, Sportspiele im Wasser) vorstellen. Bei diesen breit gefächerten Möglichkeiten wird schnell deutlich, dass in der zur Verfügung stehenden effektiven Lernzeit primär eine Konzentration auf die motorischen Lernziele notwendig ist.

Außerdem sollten die Hygieneerziehung sowie affektive Lernziele wie Bewegungsfreude im Wasser, Ängste überwinden und Risikobereitschaft im Wasserspringen nicht zu kurz kommen.[9]

Könnensprofil: „Bewegen im Wasser“
Der Schüler ...
... beachtet die vorgegebenen hygienischen und sicherheitsrelevanten Baderegeln eigenverantwortlich.
... hat alle Aspekte der Wassergewöhnung abgeschlossen, d. h. der Schüler ist angstfrei und vertraut mit dem Medium Wasser. Dies ist die Basis für die Fähigkeit, schwimmen zu lernen.
... spielt und übt angstfrei im brusttiefen Wasser.
... sammelt grundlegende Erfahrungen in Spiel- und Übungsformen zur Wasserbewältigung (z. B. aktive Kontrolle über spezifische Eigenschaften des Wassers wie beispielsweise statischer/dynamischer Auftrieb, Schwebezustände, erschwerte Lagesicherheit).
... kennt die Sprungregeln und wendet diese an.
... schwimmt in der Grobform einer Schwimmart.
... bewegt und orientiert sich angstfrei unter Wasser.
... schwimmt zunehmend ausdauernd und zeigt sich unanfällig gegen Störfaktoren.
... hat grundlegende Erfahrungen in verschiedenen Bereichen des Schwimmsports (Wettschwimmen, Sprung und Spielformen) gesammelt und umgesetzt.
... erfüllt die Anforderungen des Jugendschwimmabzeichens in Bronze.
... bewegt sich eigenverantwortlich im und am Wasser unter Berücksichtigung äußerer Faktoren (Strömung im Wasser, Wassertemperatur, Wellengang usw.) und unter Einschätzung des eigenen Könnens.

1.2.2.4 Bewegungsfeld „Laufen, Springen, Werfen, Stoßen“

Auch diesem Bewegungsfeld lässt sich problemlos eine Sportart zuordnen. Es geht um Leichtathletik im weitesten Sinne. Der Begriff „Leichtathletik“ wird leider immer noch sehr stark mit normierten Wettbewerben assoziiert. In der Grundschule gehören aber alle Spiel- und Übungsformen, die sich den Bereichen Laufen, Springen, Werfen und Stoßen zuordnen lassen, zur leichtathletischen Grundausbildung.

Die Inhalte der klassischen Leichtathletik sind für Kinder oft nicht greifbar und besitzen nur unzureichenden Aufforderungscharakter. Das gilt besonders für Kinder, die wenig leistungsstark sind. Für Sie als Lehrer ist es daher besonders wichtig, die Inhalte der Leichtathletik für Ihre Schüler interessant zu „verpacken“.

[9] Für weitere Informationen zum Thema empfehle ich Ihnen „SwimStars – Schwimmen lernen und Techniktraining optimieren“ von Reischle/Buchner/Rudolph sowie „Kinder lernen Brustschwimmen/Kraulschwimmen – Lernkartei zum selbstständigen Erwerb der Schwimmtechniken“ von Miriam Beitzen und „Koordinative Fähigkeiten im Schwimmen: der Schlüssel zur perfekten Technik“ von Gunther Frank (siehe Literaturliste).

Beispiel 1
„Ich bin 11,4 Sekunden gelaufen. Wie schnell warst du?“
„Ätsch, ich bin aber 13,6 Sekunden gelaufen!“
Diese Unterhaltung zweier Erstklässler verdeutlicht, wie wenig Sekunden und Meter für Grundschulkinder besonders in den ersten zwei Jahren greifbar sind.

Beispiel 2
Das Laufen um des Laufens willen ist eine Idee der Erwachsenen. Ein gleichmäßiger Dauerlauf (durch den Wald) entspricht nicht dem Naturell eines Kindes. Kindgerechte Ausdauerschulung verbindet das Laufen mit interessanten Aufgaben. Laufen ist also meist Mittel zum Zweck, wie im folgenden Beispiel:

Fotoorientierungslauf
Auf einer Langbank befinden sich diverse Detailfotos des Schulgeländes (z. B. ein Foto des Türschildes des Hausmeisters). Dort finden die Kinder einen Buchstaben und merken sich diesen. Zurück an der Langbank wird der Buchstabe notiert. Die Buchstaben aller Fotos zusammen ergeben einen Lösungssatz.
Die Schüler werden begeistert über einen längeren Zeitraum laufen und ihre Ausdauer verbessern. Auch solche Inhalte sind Leichtathletik!

Des Weiteren lässt sich im Bewegungsfeld „Laufen, Springen, Werfen, Stoßen“ bei kindgerechter Vermittlung die Selbsteinschätzung und das Erfahren der eigenen Leistungsmöglichkeiten und -grenzen besonders gut trainieren.

Beispiel
Das schnelle Laufen wird nicht als 50-m-Lauf interpretiert, sondern wird in Form von „Risikosprints“ durchgeführt. Das Prinzip ist einfach und wird auch von Erstklässlern verstanden:
Auf einer Laufbahn sind zehn Hütchen gleichmäßig verteilt (die Länge der Laufstrecke ist variabel). Die Hütchen sind in Fünferschritten bis zur Zahl 50 beschriftet. Nach dem Startkommando muss jeder Schüler innerhalb einer Zeitvorgabe (z. B.: neun Sekunden) im Ziel sein. Wer es nicht schafft, bekommt null Punkte.
Es ist allerdings kein Startpunkt vorgegeben. Wer es vom letzten Hütchen schafft, bekommt 50 Punkte. Ganz vorne gibt es nur fünf Punkte.
Jedes Kind hat drei Versuche. Nur der Beste zählt! Die klare Rückmeldung über geschafft oder nicht geschafft ist eindeutig. Hieraus zieht der Risikosprint seine Spannung.

Es ist interessant zu beobachten, wie so mancher „Supersportler“ es immer wieder von der 50 versuchen wird und stets scheitert. Ein Kind, das sich weniger zutraut, entdeckt dafür vielleicht zum eigenen Erstaunen, dass es viel weiter hinten starten kann, als es selbst geglaubt hat. Natürlich sammelt ein langsameres Kind weniger Punkte als ein schneller Läufer. Aber wenn man z. B. mit einer Mannschaftswertung arbeitet, sind alle Punkte von Bedeutung und tragen zum Mannschaftsergebnis bei.

Nach ähnlichem Muster lassen sich auch Aufgaben aus anderen leichtathletischen Bereichen gestalten.

Die Möglichkeiten zur inhaltliche Ausgestaltung der Spiel- und Übungsformen zu den Themen Laufen, Springen, Werfen und Stoßen sind so vielfältig, dass es keinen Sinn macht, (zu früh) auf eng gefasste, normierte Ziele zu setzen. Jede Form der Lauf-, Sprung- und Wurferfahrungen im frühen Grundschulalter kommt der leichtathletischen Grundausbildung zugute.[10]

Könnensprofil: „Laufen, Springen, Werfen und Stoßen“
Der Schüler ...
... agiert in kleinen Spielen situationsgerecht. ... beweist Geschick bei einfachen Spiel- und Übungsformen zum Thema Laufen, Springen und Werfen. ... zeigt Geschick bei komplexen Spiel- und Übungsformen unter variabler Zielsetzung zum Thema Laufen, Springen und Werfen. ... absolviert altersgerechte Wettkampfformen zum Thema Laufen, Springen und Werfen. ... erkennt die spezifischen Anforderungsprofile und stellt sich darauf ein (z. B. Könnensprofil Laufen: Schnelligkeit, Ausdauer, Geschick usw.). ... agiert situationsgerecht in vielfältigen altersgerechten leichtathletischen Disziplinen. ... absolviert eine Vielfalt an leichtathletischen Disziplinen in alternativer und normierter Form. ... beobachtet und reflektiert die Belastungsanforderungen der Disziplinen und die damit verbundenen Beanspruchungsreaktionen des Körpers. ... erfährt im Laufen, Springen und Werfen die eigenen Leistungsmöglichkeiten und -grenzen in vorgegeben Anforderungsprofilen. ... vergleicht die eigenen Leistungsgrenzen in normierten Wettbewerben klassen- bzw. schulintern, evtl. sogar in schulübergreifenden Wettbewerben.

1.2.2.5 Bewegungsfeld „Bewegen mit Geräten und Materialien"

Während sich alle anderen Bewegungsfelder recht klar bestimmten Sportarten zuordnen lassen, nimmt das Bewegungsfeld „Bewegen mit Geräten und Materialien“ eine Sonderstellung ein. Hierin liegt vielleicht sogar der spezifische Wert dieses Bewegungsfeldes. Da es **keine normierten Vorgaben** gibt, an denen sich bewusst oder unbewusst orientiert werden kann, lässt dieses Bewegungsfeld besonders große **Freiräume** für die inhaltliche Ausgestaltung. Klar ist aber, dass im Bereich der motorischen Lernziele der Fokus auf der Entwicklung und Festigung der **Bewegungskoordination** liegt.

[10] Für weitere Informationen empfehle ich Ihnen „77 Sportspiele zur Leichtathletik Laufen – Springen – Werfen“ von Britta Buschmann und „Laufen, Springen, Werfen unterrichten: Grundwissen und Praxisbausteine“ von der LASPO (Bayerische Landesstelle für den Schulsport); siehe Literaturliste.

Beispiel
Die Schulung des Gleichgewichtssinns mithilfe von Pedalos, Waveboards, Stelzen usw. bietet sich ebenso an wie ein Schwerpunkt im Bereich der Auge-Hand-Koordination oder der Rechts-links-Koordination (über das Jonglieren). Schwebetücher, Zeitungspapier, Zeitlupenbälle und Tennisbälle sind nur einige Beispiele für die Vielfältigkeit der hierbei eingesetzten Materialien.

„Artistenschule, 3. Lehrjahr" (3. Klassenstufe): Jonglieren mit Schwebetüchern

Eine weitere Möglichkeit des Bewegungsfeldes „Bewegen mit Geräten und Materialien" ist die Förderung von **Bewegungsfantasie und -kreativität** als Lernziele. Hierzu wird der spezifische Aufforderungscharakter der Geräte und Materialien genutzt.

Da es weder Sieg noch Niederlage gibt, noch normierte Fertigkeiten assoziiert werden, können die Schüler dieses Bewegungsfeld als leicht, freudvoll und bewertungsfrei erleben.[11]

[11] Als weiterführende Literatur empfehle ich Ihnen „Das Zirkusbuch – Alle machen mit" von Rudi Luetgeharm (siehe Literaturliste).

Könnensprofil: „Bewegen mit Geräten und Materialien“
Der Schüler …
… verfügt über Erfahrungen mit Handgeräten und Materialien und hat deren Aufforderungscharakter für sich entdeckt.
… erweitert die Geräteerfahrung und das Bewegen mit Materialien in offenen Aufgabenstellungen.
… zeigt Bewegungskreativität in vorgegebenen Themenfeldern.
… organisiert sich in offenen Arrangements mit anderen Kindern in kooperativer und rücksichtsvoller Art.
… zeigt altersgerechte Fähigkeiten zur Auge-Hand-Koordination und Rechts-links-Koordination.
… unterscheidet und reflektiert unterschiedliche Materialeigenschaften und ihren Aufforderungscharakter.
… erkennt Anforderungsprofile von Aufgabenstellungen und setzt angepasste Materialien zur Umsetzung ein.
… zeigt Bewegungskreativität und Eigenverantwortlichkeit bei der Erarbeitung eigener Kunststücke.
… organisiert sich mit anderen Schülern bei der Erarbeitung von selbstgewählten Kunststücken.
… präsentiert allein oder in der Gruppe die Ergebnisse.

1.2.2.6 Bewegungsfeld: „Bewegen im Rhythmus und zu Musik“

Ob und wie der Zugang zum Bewegen im Rhythmus und zu Musik gelingt, hängt in hohem Maße von der Lehrerpersönlichkeit ab. Manche Lehrkraft hat den Rhythmus im Blut. Die eigene authentische Begeisterung für das Bewegungsfeld lässt dann leicht „den Funken zu den Schülern überspringen“. Andere Lehrer, welche sich im Bereich des Tanzens selbst als „talentfrei“ einstufen, müssen andere, für sie praktikabele Wege der Umsetzung finden.

Aber auch in der Schülerschaft sind die Unterschiede erheblich. Während Erstklässler sich automatisch von Rhythmus und Musik mitreißen lassen und sich ungezwungen bewegen, führen ab etwa der dritten Klassenstufe Schamgefühle und durch Medien geprägte Vorstellungen vom „richtigen Tanzen“ zu einer wachsenden **Hemmschwelle**. Es bedarf großer Fachkenntnis und authentischer Begeisterung aufseiten des Lehrers für das Bewegen zur Musik, um diese Hemmschwelle zu beseitigen. Auch wenn dies nicht für jede Lehrkraft leistbar ist, sollte das Bewegungsfeld „Bewegen im Rhythmus und zu Musik“ fester Bestandteil des Sportunterrichts sein.

Ausdruck, Körperempfinden und Körperwahrnehmung

Die Arbeit mit dem Körper als Ausdrucksinstrument für Musikalität und Kreativität ermöglicht den Kindern einen motivierenden Zugang zum Sportunterricht. Das Bewegungstheater bietet zum Beispiel gute Möglichkeiten, um Ausdrucksformen des Körpers, das Körperempfinden und die Körperwahrnehmung zu fördern. *„Jemandem die Zähne zeigen“*, *„die Stirn bieten“* oder *„lass den Kopf nicht* *hängen"* als Ausdrucksformen des Bewegungstheaters schlagen zudem eine Brücke vom Körperempfinden und Redewendungen zum **Darstellenden Spiel**.

Im Unterrichtsgespräch lassen sich viele Beispiele finden, in denen deutlich wird, wie viel unsere Körpersprache über uns erzählt, auch wenn wir uns dessen nicht bewusst sind.

Gerade vor dem Hintergrund der ersten puberalen Veränderungen am Ende oder kurz nach der Grundschulzeit bekommen Körperempfinden und -wahrnehmung in einem sich rasant verändernden Körper enorme Bedeutung! Lehrkräfte sollten daher das Potenzial dieses Bewegungsfeldes nutzen, auch wenn die Umsetzungen recht unterschiedlich sein werden.

Könnensprofil: „Bewegen im Rhythmus und zu Musik"
Der Schüler ...
... erprobt unterschiedliche Bewegungsformen auf verschiedene Rhythmen. ... nimmt rhythmische Unterschiede wahr und passt eigene Bewegungen an. ... setzt einfache, vorgegebene Bewegungsformen auf unterschiedliche Rhythmen um. ... nutzt eigene Bewegungsideen mit Materialien, um verschiedene Rhythmen umzusetzen. ... nimmt musikalische Stilrichtungen und deren Stimmungen wahr und setzt diese spontan in ausdrucksvolle Bewegung um. ... setzt vorgegebene Bewegungen, Gefühle und Stimmungen auf Musik in Bewegung um. ... erarbeitet eigene Bewegungsideen innerhalb einer Gruppe zu vorgegebener Musik. ... lässt sich auf Bewegungen anderer ein und nimmt diese an. ... präsentiert Tänze vor Publikum. ... reflektiert und formuliert Bewegungs- und Tanzeindrücke anderer.

2. Arbeits- bzw. Stoffverteilungspläne

„Du sagst ja immer, dass wir nicht aufgeben sollen.
Das ist überall wichtig!"

(Florian, 3. Klassenstufe, zum Autor dieses Buches)

! Arbeits- bzw. Stoffverteilungspläne sagen wann, wie und womit die Unterrichtsziele erreicht werden sollen.

Arbeits- bzw. Stoffverteilungspläne beschreiben, wie die im Rahmenplan vorgegebenen Inhalte umgesetzt werden sollen, um die im Könnensprofil formulierten Ziele zu erreichen. Die Stoffverteilungspläne skizzieren die zeitliche **Einteilung des Lernweges**, die gewählten **Methoden** und im Groben die **inhaltliche Ausgestaltung**.

Diese Vorgehensweise mag arbeitsintensiv und komplex erscheinen – formulierte Pläne erleichtern aber das Arbeiten im laufenden Schuljahr ungemein.

Das Vorliegen interner Arbeitspläne ist besonders bei einem Lehrerwechsel hilfreich. Die neue Lehrkraft ist so über den Lernstand der Klassenstufen informiert und weiß, auf welchen bereits erfolgten Bewegungserfahrungen der Kinder sie aufbauen kann. Deshalb ist es wichtig, dass der schulinterne Arbeitsplan von möglichst vielen Kollegen mitgetragen wird.

Auch wenn die exakte Umsetzung aufgrund diverser Faktoren wohl nicht immer gelingen mag, ist der Arbeitsplan doch eine **unverzichtbare Planungshilfe** zur Zielerreichung. Projektwoche, Klassenfahrt, Krankheit der Lehrkraft und Witterungsbedingungen sind zwar einige der Störfaktoren, die eine detailgetreue Umsetzung oft erschweren. Sie sind aber kein Argument gegen die Pläne!

Anmerkungen zu den exemplarisch dargestellten Plänen

Die aufgeführten Arbeits- bzw. Stoffverteilungspläne bilden das Arbeiten im Fach Sport an meiner Schule ab und wurden lediglich um die konkrete inhaltliche und methodische Ausgestaltung reduziert.

Die Aufteilung der Bewegungsfelder auf das Schuljahr und ihre inhaltliche Gewichtung ergibt sich aus den Rahmenbedingungen vor Ort, dem Jahreszeitenlauf und Erfahrungswerten aus vielen Jahren Sportunterricht. Hierbei ist zu beachten, dass im Sinne eines spiralförmigen Aufbaus der Arbeitspläne, die jeweiligen Bewegungsfelder in den verschiedenen Stufen meist zeitgleich bearbeitet werden. Das zeitliche Koordinieren der Inhalte zwischen den verschiedenen Klassenstufen minimiert den organisatorischen Zeitverlust durch Auf- und Abbaumaßnahmen.

Beispiel
Ein komplexer Aufbau in der Sporthalle zum Thema „Hängen und Schwingen" kann ganztägig und in allen Jahrgängen genutzt werden. Leichte Umbaumaßnahmen und veränderte Aufgabenstellungen führen zu effizientem Arbeiten und zu hoher effektiver Lernzeit in den verschiedenen Klassenstufen. Dies ist nicht möglich, wenn nach der beschriebenen Stunde ein Kollege das Thema „Ballschule" behandeln möchte und dafür eine leere Sporthalle benötigt. Daher: Es lohnt sich, die Arbeitspläne der verschiedenen Klassenstufen aufeinander abzustimmen.

Des Weiteren ist zu beachten, dass die Pläne Lernzielschwerpunkte beschreiben. Die Überschneidungen und Synergieeffekte mit anderen Bewegungsfeldern sind meist groß. Und auch wenn es nicht explizit aufgeführt ist, ist das sportliche Spiel zu jeder Zeit des Jahres fester Bestandteil vieler Sportstunden – entweder am Beginn oder am Ende. Planen Sie dies bitte mit ein.

Alle aufgeführten Pläne sind so formuliert, dass sie vielfältige Möglichkeiten zur methodischen und inhaltlichen Ausgestaltung lassen. Sie sind exemplarischer Natur und dienen der **Orientierung** und **Unterstützung** bei der Erstellung eigener Pläne.

Anmerkung

Falls Sie sich bei der inhaltlichen und methodischen Umsetzung der Pläne unsicher fühlen, empfehle ich Ihnen zur Vertiefung die bei der Vorstellung der Bewegungsfelder in den Fußnoten aufgeführten Literaturtipps.

2.1 Arbeitsplan für die Klassenstufe 1

Woche	Bewegungsfeld	Lernzielschwerpunkte	Vorschläge, Anregungen und Impulse zur möglichen Umsetzung	Erläuterungen und Beispiele
1/2	Alle Felder sind denkbar!	– in der Schule einleben – Kennenlernen der Sportstätten, der Mitschüler und des Lehrers – Ängste abbauen, Vertrauen aufbauen – Abläufe/Ordnungsrahmen kennenlernen – Freude am Sportunterricht entwickeln	– bekannte Spiele aus dem Kindergarten aufgreifen – freies Bewegen zu Musik/Bewegungstheater – erste kleine Spiele, meist ohne Wettkampfcharakter	Das Einleben in der Schule, das Kennenlernen des Ordnungsrahmens im Sportunterricht, das Kennenlernen der Mitschüler und der Lehrkräfte ist das zentrale Thema in den ersten beiden Schulwochen. Besonders das Abbauen von Ängsten und das Aufbauen von Vertrauen zur neuen räumlichen und sozialen Umwelt stehen im Vordergrund, hierbei ist der Stundeninhalt nebensächlich.
3/4	Miteinander und gegeneinander spielen und Laufen, Springen, Werfen, Stoßen	– Schaffen einer positiven Lernatmosphäre – Schaffung einer allgemeinen Spielfähigkeit im emotionalen, sozialen, kognitiven und motorischem Sinne – Erweitern des Fundus an kleinen Spiele, auf die in den nächsten Jahren immer wieder zurückgegriffen werden kann – Kennenlernen elemantarer Ordnungsformen wie ritualisiertem Gesprächsrahmen, Sicherheitsregeln, Verhalten in der Kabine ... – Vorbereitung auf die Bundesjugendspiele (Punktewerfen, Risikosprints und Punkteweitsprung)	– Unterrichtsgespräch: „Wie wollen wir im Sport miteinander umgehen?“ – kleine Spiele zur Laufgewandtheit und -geschicklichkeit – kleine Spiele und Übungsformen zum Wurf mit verschiedenem Ballmaterial und hohen Wiederholungszahlen – Einüben der Wettbewerbe der Bundesjugendspiele	Neben den erwähnten Zielen steht gerade zu Beginn des Sportunterrichts das freudvolle Bewegen ohne Frustrationserlebnisse im Mittelpunkt. Um das in den ersten Wochen angebahnte Vertrauensverhältnis zu festigen und um eine positive Grundeinstellung zum Sportunterricht weiter zu prägen, spielen erste Unterrichtsgespräche rund um das Thema *„Wie wollen wir miteinander spielen und umgehen?“* eine wichtige Rolle.
5/6/7	Miteinander und gegeneinander spielen und Laufen, Springen und Werfen	– Wiederholen und Erweitern der bereits genannten Ziele – Verbessern der peripheren Wahrnehmung und der Antizipationsfähigkeit in komplexen Spielsituationen mit verschiedenen bewegten Teilnehmern – Vorbereitung auf die Bundesjugendspiele	– Wiederholung der Inhalte – einfache Lauf- und Fangspiele – aber auch Teamaufgaben wie Transportstaffeln oder Sechs-Tage-Rennen – viel Zeit für Unterrichtsgespräche „Wie wollen wir im Spiel miteinander umgehen?“ einplanen – Trainieren der Wettbewerbe der Bundesjugendspiele	Der Sportunterricht nähert sich langsam dem „angepeilten“ Ordnungsrahmen an. Die bei den Zielen erwähnte Antizipationsfähigkeit spielt für die Kinder nicht nur in den Sportspielen eine große Rolle, sondern trägt zur richtigen und schnellen Einschätzung von komplexen Situationen im Straßenverkehr bei!

Woche	Bewegungsfeld	Lernzielschwerpunkte	Vorschläge, Anregungen und Impulse zur möglichen Umsetzung	Erläuterungen und Beispiele
Bundes-jugend-spiele	Im Rahmen der Bundesjugendspiele absolvieren die ersten Klassenstufen keine normierten Wettkämpfe. Es handelt sich um Mannschaftsaufgaben oder die Einzelleistungen fließen in ein gemeinsames Klassenergebnis ein. Die Kinder sollen das Sportfest als erstes großes Schulgemeinschaftserlebnis wahrnehmen!			
Herbstferien				
8/9	Miteinander und gegeneinander spielen	– Verbessern des Spielverhaltens – Erweitern der allg. Bewegungserfahrung	– Erweiterung des Fundus für kleine Spiele	Das Entwickeln einer elementaren Spielfähigkeit sowohl im sozialen wie auch im motorischen Sinne begleitet den Sportunterricht auch in den nächsten Wochen intensiv. Viele Anlässe wie Konflikte, kleinere Unfälle und das Verhalten der Beteiligten hierbei, aber auch „Schummeln“ und „Petzen“ bieten zahlreiche Anlässe zu Unterrichtsgesprächen.
10 bis 13	Miteinander und gegeneinander spielen	– die Eigenschaften des hüpfenden, rollenden, fliegenden Balls kennen- und antizipieren lernen – Ballgefühl und Ballbehandlung entwickeln	– vielfältige elementare Spiel- und Übungsformen mit verschiedenen Ballmaterialien	Lassen Sie Ihrer Fantasie freien Lauf und entwickeln Sie altersgerechte Aufgabenstellungen – zur kontrollierten Ballabgabe (einhändiges, beidhändiges, wechselseitiges Werfen, Schießen, Schlagen ...), – zum Werfen aus dem Stand oder aus der Bewegung mit unterschiedlichen Aufgabenstellungen (hoch, weit, fest, genau, alleine, gegen die Wand oder mit einem Partner ...), – zur Arbeit mit unterschiedlichen Ballmaterialien und – zur kontrollierten Ballannahme (Fangen mit den Händen, Taschen, Pylonen ..., Stoppen mit Fuß, Knie, Hintern, Schläger ...).
14/15	Miteinander und gegeneinander spielen	– die Eigenschaften des hüpfenden, rollenden, fliegenden Balls kennen- und antizipieren lernen – Ballgefühl und Ballbehandlung entwickeln	– Wiederholung der oben genannten Inhalte und Erweiterung durch das Prinzip: einfache Übungen plus erschwerte Bedingungen (z. B. Präzisionsdruck: Ball auf einer Linie rollen, schießen oder prellen; vgl. Kap. 6.6)	Lassen Sie die Ideen der Kinder einfließen. Das richtige Antizipieren der Ballbewegung und die hierzu adäquate Abstimmung der eigenen Bewegung stellen grundlegende Voraussetzungen für das Handeln in Sportspielen dar. Wenn Sie Ihre Schüler beim Lösen der Aufgaben intensiv beobachten, wird schnell deutlich, wie groß die Anforderungen der elementaren Ballschule an die kindliche Koordination sind. Ein zu frühes Konfrontieren mit komplexen Spielsituationen, in denen Ball-, Gegner- und Partnerbewegung beobachtet werden müssen, führen schnell zu Überforderung und Frustration!

Woche	Bewegungsfeld	Lernzielschwerpunkte	Vorschläge, Anregungen und Impulse zur möglichen Umsetzung	Erläuterungen und Beispiele
16/17	Bewegen an Geräten	– Den Könnensstand der Schüler im Klettern, Hangeln, Balancieren, Niedersprung feststellen und ausbauen	– Entdecken der Geräte durch freies und angeleitetes Bewegen in Bewegungslandschaften und durch Stationstraining – Besprechen der Geräte (Name, Funktion, Technik ...)	In diesen Stunden werden Sie viel über ihre Schüler lernen: Neben dem koordinativen und konditionellen Können beobachten Sie in dieser Phase Wichtiges über die Psyche Ihrer neuen Schüler. Ängstlichkeit und Mut sowie Erfolg- und Misserfolgsorientierung werden schnell offensichtlich. Die Fähigkeit zur Selbsteinschätzung und die Bewegungserfahrung der Schüler im Vorschulalter spielen eine maßgebliche Rolle.
	Bewegen zum Rhythmus und zur Musik	– freies Bewegen zu Musik – Verbessern der Rhythmisierungsfähigkeit von Bewegungen	– freies Tanzen zu gestellter und mitgebrachter Lieblingsmusik – einfache Bewegungsaufgaben zur Musik, z. B. Stopptanzen	Da in diesem Alter meist noch keine Hemmschwelle beim Tanzen besteht, sind die Schüler leicht zu motivieren. Als Lehrer können Sie so die Bewegungen in gewünschte Bahnen lenken.
		Weihnachtsferien		
18 bis 24	Bewegen an Geräten	– Erarbeiten turnerischer Grundformen in offenen Aufgabenstellungen	– Wiederholen und Erweitern der oben genannten Inhalte	Die unterrichtlichen Arrangements zum Bewegen an Geräten führen langsam von der Erweiterung der allgemeinen Bewegungserfahrung zur speziellen Bewegungserfahrung. Diese sind an turnspezifischen Grundformen orientiert. Die Geräte, Stationen oder Aufgabenstellungen animieren die Kinder also beispielsweise zum Schaukeln, Schwingen, Hängen, Stützen Balancieren Klettern usw.
	Bewegen zum Rhythmus und zur Musik	– Ausdrucksformen des Körpers und die Körperwahrnehmung werden kindgerecht und fantasievoll angebahnt – allgemeine und spezielle Kräftigung lassen sich leicht in ein Bewegungstheater zu Musik integrieren	– Stopptanzen – Bewegungstheater (bestimmte Tierarten) – szenische Darstellungen und Ausdrucksformen von Gefühlen, Launen … zu passender Musik	Wichtig ist eine altersgerechte Reflexion, um Körperbewusstsein und Körpergefühl zu entwickeln. Eigene Ideen der Kinder sollten integriert werden!
25 bis 28	Bewegen mit Geräten und Materialien	– Verbessern ausgewählter koordinativer Fähigkeiten, insbesondere der Auge-Hand-Koordination sowie der Rechts-links-Koordination – Erweitern der allgemeinen Bewegungserfahrung, besonders Schulung des Gleichgewichts	– freies und angeleitetes Üben mit diversen Handgeräten, verschiedenen Bällen und Jongliertüchern – Üben mit verschiedenen Geräten wie Kreisel, Stelzen, Pedalos, Partnerpedalo, Rollbrett …	Die Schüler können sich in Kleingruppen oder allein mit den Geräten bewegen. Es herrscht kein Wettkampfcharakter, und die Kinder sollen eigene Ideen jederzeit mit einfließen lassen. **Tipp**: Vernachlässigen Sie in dieser Zeit nicht das Wiederholen der kleinen Spiele aus den ersten Unterrichtswochen!

Woche	Bewegungsfeld	Lernzielschwerpunkte	Vorschläge, Anregungen und Impulse zur möglichen Umsetzung	Erläuterungen und Beispiele
29/30	Ringen und Raufen	– Körperkontakt zulassen – Vertrauen zum Partner aufbauen – die scheinbar paradoxe Situation Gegner = Partner auflösen – „Kämpfen wir miteinander oder gegeneinander?“	– kooperative Bewegungsaufgaben und kooperative Spiele in verschiedenen Sozialformen	Bevor es zu einem kindgerechten Kräftemessen oder auch Raufen kommt, müssen Spiel- und Übungsformen zum Tragen kommen, welche Körperkontakt anbahnen und üben. Gegeneinander kämpfen und trotzdem aufeinander aufpassen will gelernt sein! Besprechen Sie die Frage: *„Ist mein Mitschüler jetzt mein Partner oder Gegner?“*
Osterferien				
31/32	Ringen und Raufen	– Regeln und Fair-Play – den Gegner als Partner respektieren – Kraft, Gewicht und Geschick taktisch einsetzen	– vorbereitende Zweikampfspiele wie Hahnenkämpfe – kleine Ring- und Raufspiele	
33/34	Laufen, Springen, Werfen, Stoßen Miteinander und gegeneinander spielen	– Erweiterung des „Spielfundus“	– Aufgreifen bekannter kleiner Spiele und Erweiterung durch veränderte Bezugssysteme wie Raumbezug, Gegner- oder Partnerbezug (vgl. Kapitel 6.6)	**Achtung:** Die Trennung der beiden Bewegungsfelder ist hier meist hypothetischer Natur, da viele hier denkbare Spiele sich in beide Felder einordnen lassen. So entwickeln Fangspiele Lauffähigkeiten, was der leichtathletischen Grundausbildung zugutekommt. Andererseits müssen Partnerund Gegnerbewegung beobachtet und antizipiert und der eigene Laufweg bestimmt werden, was elementare Technikbausteine der Ballschule sind. **Bezugssysteme:** vgl. „Kleine Maßnahmen mit großer Wirkung“
	Laufen, Springen, Werfen, Stoßen Miteinander und gegeneinander spielen	– Laufschnelligkeit, -gewandheit und Startschnelligkeit	– diverse Spiele zur Reiz-Reaktionsschnelligkeit und zur Bewegungsschnelligkeit	Um Über- und Unterforderungen bei Ausdaueraufgaben zu vermeiden, werden Spiele mit hohem Aufforderungscharakter gewählt, in denen der Einzelne sich seinem Leistungsstand entsprechend einbringen kann. **Tipp:** Geben Sie auch den „Schnelldenkern“ und nicht nur den „Schnellläufern“ Erfolgschancen, wenn es um Startschnelligkeit geht! **Beispiel**: In einer Gassenaufstellung stehen (sitzen, liegen ...) sich die Kinder in zwei Gruppen an der Mittellinie gegenüber. Auf ein Startkommando muss die eine oder andere Mannschaft fangen bzw. zur Grundlinie (oder auf eine Weichbodenmatte nahe der Grundlinie) flüchten. Gruppe A flüchtet nur, wenn die Lehrkraft Tiere nennt, welche normalerweise auf vier Beinen laufen, Gruppe B

Woche	Bewegungsfeld	Lernzielschwerpunkte	Vorschläge, Anregungen und Impulse zur möglichen Umsetzung	Erläuterungen und Beispiele
				bei Tieren auf zwei Beinen. Die Schüler müssen blitzschnell überlegen und in die richtige Richtung starten. (Was passiert bei Spinne, Ameise, Mensch oder Forelle?) Dieses Prinzip lässt sich vielfältig variieren, z. B. mit Farben (Grün und Rot) und Dingen (Tomate, Gras, Blut, Tannenbaum ...).
35 bis 38	Miteinander und gegeneinander spielen Laufen, Springen, Werfen, Stoßen	– Sammeln vielfältiger Bewegungserfahrungen im Springen durch Überspringen, Hochspringen, Niederspringen mit einbeinigem und beidbeinigem Absprung bei variabler Landung	– freies und angeleitetes Bewegen über einen Hindernisparcours, „Staffellauf“ über geringe und unterschiedliche Hindernisse, Mattenrutschen usw.	Die Sprungausbildung der ersten Klassenstufe orientiert sich nicht an vorgegebenen Technikleitbildern, sondern verfolgt die Idee der maximalen Variationsvielfalt.
	Laufen, Springen, Werfen, Stoßen Miteinander und gegeneinander spielen	– Sammeln vielfältiger Wurferfahrungen	– Wurfspiele und -übungen mit wechselndem Geräteeinsatz festigen das Werfen aus der Ruhe, in der Bewegung mit und ohne Zeitdruck. – kleine Spiele wie Punkte werfen an Ringen, Biathlon, Treffball, Sautreiben, „Haltet die Seiten frei“ usw.	**Tipp**: Nutzen Sie das Prinzip des Risikosprints (vgl. Kap. 1.2.2.4) auch in der Wurfschulung: Es wird auf eine Wandziel (Gymnastikreifen) geworfen. Pylonen/Hütchen in verschieden Abständen stehen für unterschiedliche Schwierigkeitsgrade. Wer trifft von wo? Wer darf beim nächsten Wurf ein Hütchen zurück, wer muss eins vor? Hier finden Sie als Lehrkraft leicht unzählige Varianten für Übungsphasen in mehreren Stunden und folgen automatisch dem Prinzip der hohen Übungsintensität bei großer Variationsbreite.
39/40	Laufen, Springen, Werfen, Stoßen Miteinander und gegeneinander spielen	– Sammeln vielfältiger Wurferfahrungen – Verbesserung der aeroben Ausdauerfähigkeiten – Schuljahresabschluss	– Werfen als Hoch-, Weit- und Zielwerfen in unterschiedlichen Situationen mit verschiedenen Materialien – ausdauerndes Laufen (in kindgerechte Aufgabenstellungen verpackt) – Wunschspiele zum Schuljahresabschluss	**Beispiel:** In einer Transportstaffel darf immer nur ein Tennisball/Puzzleteil/Legostein/Buchstabe geholt werden. Wenn alle Teile am Ziel sind, wird mit der Schlussaufgabe begonnen. Schnelle Läufer rennen vielleicht doppelt so oft wie langsame Schüler. Trotzdem geben beide ihr Bestes, um ihrem Team zum Sieg zu verhelfen.
			Sommerferien	

2.2 Arbeitsplan für die Klassenstufe 2

Woche	Bewegungsfeld	Lernzielschwerpunkte	Vorschläge, Anregungen und Impulse zur möglichen Umsetzung	Erläuterungen und Beispiele
1/2	Laufen, Springen, Werfen, Stoßen Miteinander und gegeneinander spielen	– „Freudvoller Einstieg“ – Verbessern der Lauffähigkeiten	– Wunschspiele aus dem Vorjahr – Laufspiele zur Laufgewandtheit und zur Ausdauerschulung	Viele der Laufspiele lassen sich auch in das Bewegungsfeld des Spielens einordnen. **Tipp**: Lassen Sie die Kinder in der Ausdauerschulung nicht einfach laufen. Geben Sie ihnen Aufgaben, sodass das Laufen Mittel zum Zweck wird. Dies können Suchaufgaben, Transportaufgaben oder auch Orientierungsaufgaben sein.
3 bis 7	Laufen, Springen, Werfen, Stoßen	– Verbessern der aeroben Ausdauer – Verbessern der Laufschnelligkeit – Erweitern der Sprungerfahrung – Verbessern der Wurffertigkeiten – Vorbereiten der Bundesjugendspiele (BJS)	– Laufausdauerspiele wie Fotoorientierungslauf oder Sechs-Tage-Rennen – Spiele zur Reiz-Reaktionsschnelligkeit wie Schwarz-Weiß, Zauberer – Tiger – Samurai – Einführung „Tigerstart“ (vgl. Kapitel 4. Differenzierung) – Staffelläufe mit unterschiedlichen Zielsetzungen – Springen unter verschiedenen Zielsetzungen – Werfen mit variabler Technik, Geräteeinsatz und Zielsetzung, – Einüben der BJS-Disziplinen	Maximale Übungsintensität und große Variationsbreite beachten! **Tipp**: Geben Sie durch spezielle Aufgabenstellungen auch den Schnelldenkern und nicht nur den Schnellläufern eine Chance. **Beispiel:** Greifen Sie die Spielidee aus Klasse 1 auf, erweitern jedoch die Denkaufgaben. Das Ergebnis von 1×1- und 1+1-Aufgaben (gerade/ungerade Zahl oder gehört das Ergebnis der Rechnung in die eine oder andere 1×1-Reihe) bestimmt, welche Partei Fänger ist. Wer zu lange rechnet, ist schnell gefangen! **Anmerkung:** Im Rahmen der Bundesjugendspiele absolvieren die zweiten Klassenstufen keine normierten Wettkämpfe. Es handelt sich um Mannschaftsaufgaben oder die Einzelleistungen fließen in ein gemeinsames Klassenergebnis ein.
			Bundesjugendspiele	
			Herbstferien	
8/9	Miteinander und gegeneinander spielen	– Eigenschaften des rollenden, springenden, fliegenden Balles kennenlernen	– fertigkeitsorientierte Ballschule, Schulung der Ballbehandlung in vielfältiger Form.	Sie suchen eine große Übungsvielfalt? Vergleichen Sie Kapitel 6.6 und nutzen Sie die Ideen und die Bewegungskreativität der Kinder beim Erfinden kleiner Aufgaben und Kunststücke. Nutzen Sie alle Arten von Bällen! **Tipp**: Kurzweilige Stunden lassen sich hierzu mit Tennisbällen und Pylonen („Hütchen“) als Fanggeräte leicht durchführen.

Woche	Bewegungsfeld	Lernzielschwerpunkte	Vorschläge, Anregungen und Impulse zur möglichen Umsetzung	Erläuterungen und Beispiele
10/11	Miteinander und gegeneinander spielen	– Verbesserung und Festigung des Wurfs	– Werfen unter verschiedenen Zielsetzungen in unbewegten und bewegten Spiel- und Übungsformen (Zuwerfen, Abwerfen, Zielwerfen, Weitwerfen ...)	Das Verinnerlichen des Fair-Play-Gedankens wird immer wichtiger, da in der nächsten Klassenstufe zunehmend die Selbstorganisation und eigene Konfliktlösungsstrategien eine Rolle spielen. Deshalb sollten Sie sich als Lehrkraft auch zunehmend aus der Rolle des Schiedsrichters zurückziehen.
12/13	Miteinander und gegeneinander spielen	– Fangen als elementare Voraussetzung vieler Sportspiele festigen	– einfache, unbewegte Übungsformen steigern sich zu einfachen bewegten Spiel- und Übungsformen	Passen und Fangen stellen grundlegende sportartübergreifende Fertigkeiten dar. Sie sind die Voraussetzung für zielgerichtetes Handeln in den großen Sportspielen. Dementsprechend viel Zeit wird diesen Inhalten gewidmet.
14/15	Miteinander und gegeneinander spielen	– Werfen, Fangen, Spiel	– dosierte Steigerung der Komplexität der Spiel- und Übungsformen	Gerade im Spiel werden sich Unsicherheiten in der Ballkontrolle und damit auch der Grad der Festigung der Technik deutlich zeigen.
16	Bewegen zum Rhythmus und zu Musik	– Bewegen zu Musik – Verbesserung der Rhythmisierungsfähigkeit von Bewegungen	– freies Tanzen zu gestellter und mitgebrachter Lieblingsmusik – einfache Bewegungsaufgaben zur Musik, Stopptanzen	Die Kinder bewegen sich meist immer noch gerne zu Musik, eine Hemmschwelle ist aber bereits gelegentlich zu beobachten.
	Bewegen an Geräten	– Verbessern des koordinativen Niveaus und der benötigten konditionellen Fähigkeiten im Klettern, Hangeln, Balancieren, Niedersprung ...	– Entdecken der Geräte durch freies und angeleitetes Bewegen an Geräten und in Bewegungslandschaften – Besprechen der Geräte (Namen, Funktion, Technik ...)	**Tipp:** Bauen Sie in Ihrer Sporthalle einen komplexen Geräteparcours zu einem bestimmten Thema (z. B. Klettern, Balancieren und Schwingen) auf. Nutzen Sie die Fantasie der Kinder, indem Sie der Stunde einen passenden Namen geben (Piratenschiff, Bergsteigercamp...). Wichtig ist, dass die Kinder bestimmte Regel- und Organisationsvorgaben konsequent einhalten. Damit sind Verbote an einzelnen Stationen gemeint, aber auch Vorgaben wie: *„An jeder Station dürfen nur drei Kinder sein. Nach dreimal üben müsst ihr die Station wechseln und dürft erst zu eurer Lieblingsstation zurück, wenn ihr alle anderen Stationen dreimal durchlaufen habt.“* (Vgl. Kapitel 6.3 und 6.5)
Weihnachtsferien				
17/18	Bewegen zum Rhythmus und zu Musik	– Körperbewusstsein stärken durch Ausdrucksformen des Körpers und seiner Bewegungen sowie allgemeine und spezielle Kräftigung	– Stopptanzen – Bewegungstheater (bestimmte Tierarten) – szenische Darstellungen und Ausdrucksformen von Gefühlen, Launen …	Besondere Aufmerksamkeit im Bewegungstheater zu Musik kommt der spielerischen Kräftigung der Rumpfmuskulatur zu.

Woche	Bewegungsfeld	Lernzielschwerpunkte	Vorschläge, Anregungen und Impulse zur möglichen Umsetzung	Erläuterungen und Beispiele
17 bis 20	Bewegen an Geräten	– Erweitern der allgemeinen Bewegungserfahrung an Geräten und Betonung der turnspezifischen Grundformen – Einführung von einfachen Fertigkeiten wie Rolle vorwärts oder erste Stützsprungerfahrungen sind für leistungsstarke Schüler denkbar	– Bewegungslandschaften und Stationsüben mit verschiedenen Schwerpunkten: Klettern, Hangeln, Balancieren, Schwingen usw.	Um von einer allgemeinen Bewegungserfahrung zu spezifischen Bewegungsformen zu kommen, macht es oft Sinn, nach einem „freien Durchlauf" auf einen geregelten Stationsbetrieb zu setzen. In dem Stationsbetrieb führen alle Kinder vorgegebene Übungen zum jeweiligen Thema (Stützen und Balancieren, Springen und Stützen, Rollen um verschiedene Achsen usw.) aus.
21/22	Bewegen im Wasser	– Kennenlernen der Schwimmhalle, des Ordnungsrahmens, der Schwimmlehrkräfte und des Bademeisters	– Rundgang mit Einweisung – Spielen, Springen, freies Bewegen im Wasser	Die Schülerinnen und Schüler meiner Schule gehen im gesamten zweiten Halbjahr der zweiten Klassenstufe schwimmen. Minimalziel des Unterrichts ist die Fähigkeit zur Selbstrettung.
23/24	Bewegen im Wasser	– Gruppeneinteilung	– Test: Wer kann schon schwimmen, springen, tauchen mit Orientierung?	Das Teilen der Klasse in mindestens zwei Lerngruppen, also Nichtschwimmer und Schwimmer, ist unabdingbar. Die aufgeführte Lernzielgewichtung beschreibt einen möglichen Weg für Kinder, die an der Schwelle zur Schwimmfähigkeit stehen.
25/26	Bewegen im Wasser	– Gruppeneinteilung – Freude am Bewegen im Wasser wecken – Wassergewöhnung	– Kleine Spiele – Bewegungstheater und Übungen zur Wassergewöhnung	
27 bis 30	Bewegen im Wasser	– Festigen der Wassergewöhnung – Auftrieb erleben, Wassergefühl entwickeln – Hinführung zum Gleiten – Springen und Tauchen (freiwillig) – Auftrieb erleben, Wassergefühl entwickeln	– kleine Spiele – Übungen zum Schweben und Gleiten (mit verschiedenen und ohne Auftriebshilfen) in verschiedenen Sozialformen	Eine vollständig abgeschlossene Wassergewöhnung ist von großer Bedeutung für die Schwimmlernfähigkeit, aber auch für die spätere Wassersicherheit. Viele Kinder sind trotz attestierter Schwimmfähigkeit unsicher. Bereits kleine Störfaktoren (Spritzer, Wellen, Körperkontakt mit anderen Schwimmern) können zu gefährlichen Reaktionen führen.
Osterferien				
31 bis 34	Bewegen im Wasser	– vom Gleiten zum Schwimmen	– Übungen zum Auftrieb, Gleiten und Schweben – Gleiten nach Abstoß – erste Schwimmbewegungen mit Auftriebshilfen sowohl mit den Armen als auch mit den Beinen	– **Achtung:** Nicht nur Üben, sondern auch Spielen macht den Meister! Auch in Fangspielen und dem dazugehörigen Befreien (durch Abtauchen und die Füße des Gefangenen berühren, oder sogar zwischen den Beinen Durchtauchen) lernen die Kinder unbewusst viel über positive und negative Wasserwiderstände sowie über Aufund Vortrieb.

Woche	Bewegungsfeld	Lernzielschwerpunkte	Vorschläge, Anregungen und Impulse zur möglichen Umsetzung	Erläuterungen und Beispiele
34 bis 38	Bewegen im Wasser	– Verbessern der Wassersicherheit und Schwimmtechnik – Erweitern der schwimmartspezifischen Bewegungserfahrung und der Schwimmausdauer	– Bewegungstheater, kombinierte Schwimm- und Tauchaufgaben – schwimmen und schweben mit diversen Auftriebshilfen und Zusatzaufgaben – Übungen zum Auftrieb, Abtrieb und Vortrieb – Gegensatzerfahrungen und Übungen zur Verbesserung des Wassergefühls	Die Bewegungsvorstellung der meisten Kinder assoziiert das „richtige Schwimmen“ mit dem Brustschwimmen. Kinder, die intuitiv eine kreuzkoordinierte Schwimmbewegung bevorzugen, können zunächst auch eine Wechselzugbewegung durchführen. So ist das Erfahren von Auftrieb und Vortrieb auch mit einem sogenannten „Hundepaddeln“ möglich.
39/40	Bewegen im Wasser	– Verbessern der Schwimmausdauer – Feststellen des erreichten Niveaus – Spaß haben	– Brustschwimmen mit Korrekturformen	
		Sommerferien		

2.3 Arbeitsplan für die Klassenstufe 3

Woche	Bewegungsfeld	Lernzielschwerpunkte	Vorschläge, Anregungen und Impulse zur möglichen Umsetzung	Erläuterungen und Beispiele
1 bis 7	Laufen, Springen, Werfen, Stoßen	– Wiederholen des leichtathletischen Dreikampfs in verschiedenen Formen – Verbessern der Start- und Sprintfähigkeiten – Verbesserung der Sprungfähigkeiten – Verbesserung des leichtathletischen Wurfs – Kennenlernen verschiedener Staffelformen	– Wiederholen des Tigerstarts und Erweiterung zum Tiefstart – Übungen zur Bewegungsschnelligkeit und Laufkoordination – 50m-Lauf mit Zeitmessung – Risikosprints – Wiederholen vielfältiger Sprungerfahrungen – Einführung des Weitsprungs inkl. seiner Regeln – Wiederholen des Werfens unter verschiedenen Zielsetzungen – Weitwurf mit verschiedenen Materialien (Schlagball, „Heuler“, „Flatterbälle“, Kinderspeere) – Pendel-, Runden- und Reihenstaffeln für Schnellläufer, aber auch für „Schnelldenker“	Die Verbesserung der aeroben Ausdauer wird verbunden mit altersgerechten Gesprächen über Beanspruchungsreaktionen des Körpers (Atmung, Herzfrequenz …). **Achtung**: Auch wenn ab der dritten Klassenstufe normierte leichtathletische Wettkämpfe oft stärker zum Tragen kommen (zur Vergleichbarkeit bei der Notengebung, in der Vorbereitung auf regionale Sportfeste, für die Bundesjugendspiele usw.), bedeutet das nicht, dass im Unterricht auf die große Variationsbreite und den enormen Aufforderungscharakter der nicht normierten Wettbewerbe verzichtet werden darf.
			Bundesjugendspiele	
			Herbstferien	
8 bis 11	Miteinander und gegeneinander spielen	– Wiederholen der Ballgewöhnung – Wiederholen und Festigen grundlegender Fertigkeiten für die großen Sportspiele (Passen, Fangen, Prellen) – Entwicklung von taktischen Basiskompetenzen im Sinne der Heidelberger Ballschule[12]	– Neben der technikorientierten Ballschule kommt die spielsituationsorientierte Ballschule zum Tragen.	Als neuer wesentlicher Bestandteil des Sportunterrichts in der dritten Klasse kommen das Üben der Selbstorganisation und das Entwickeln von Konfliktlösungsstrategien hinzu. Hierzu eignet sich das selbstständige Durchführen von bekannten kleinen Spielen besonders gut. Nachdem in der zweiten Klassenstufe Fangen und Passen eingeführt wurde, spielt nun das taktische Verhalten in spezifischen Spielformen eine zunehmende Rolle. Unter dem Motto „Wir spielen Pässe mit Adresse!“ werden diverse Kriterien zu den Parametern „freilaufen und anbieten“ sowie „Lücke erkennen und durchspielen“ erarbeitet.

[12] Mein Literaturtipp: Kröger/Roth: „Ballschule – Ein ABC für Spielanfänger“; siehe Literaturliste.

Woche	Bewegungsfeld	Lernzielschwerpunkte	Vorschläge, Anregungen und Impulse zur möglichen Umsetzung	Erläuterungen und Beispiele
12 bis 15	Miteinander und gegeneinander spielen	– Hinführung zum „Handball" – Erlernen grundlegender Handballregeln – Durchführung des reduzierten Sportspiels Handball	– Schulung taktischer Basiskompetenzen in spezifischen Spielformen – methodische Spielreihen mit der Zielsetzung „Handball"	Benennen Sie ein schulinternes vereinfachtes Regelwerk. **Tipp:** Nennen Sie die Dreischrittregel nicht beim Namen. Sonst werden die Kinder nach der Ballannahme immer zuerst drei roboterartige Schritte mit dem Ball in der Hand machen und dann nach einer Lösung der Spielsituation suchen. Formulieren Sie eher Regeln wie: *„Niemand darf den Ball in der Hand transportieren. Einzelne Schritte zum besseren Werfen, Fangen oder Orientieren sind erlaubt!"* Der Lehrerschiedsrichter entscheidet situativ. Das richtige Gespür für die Schrittregel stellt sich dann mit der Zeit von selbst ein. **Anmerkung:** Natürlich können auch andere Sportspiele wie Basketball, Hockey oder Fußball in Form eines Minisportspiels als Schwerpunkt in den dritten und vierten Klassen gewählt werden.
Handballturnier der 3. und 4. Klassen				
16 bis 18	Bewegen an Geräten	– Kräftigen der Stütz- und Haltemuskulatur, Verbessern der Körperspannung – Erlernen der turnerischen Fertigkeiten Rolle, Handstand und Rad	– freie und spezielle Bewegungsaufgaben an Geräten – spielerische Rumpfstabilisierung – Wiederholen der Rolle vorwärts – Aufschwingen in den Handstand und Abrollen – gemeinsames Erlernen grundlegender Voraussetzungen (z. B. Kopfsteuerung bei Rollbewegungen oder stemmendes Stützen der Arme beim Aufschwingen in den Handstand) – anschließend zunehmendes Öffnen des Unterrichts über Stationsarbeit oder Lerntheke im Rahmen einer Turnwerkstatt	**Achtung**: Der vorbereitenden Kräftigung der Stütz- und Haltemuskulatur kommt besondere Bedeutung in der Unfallprävention zu. **Achtung:** Bevor Teile des Lernprozesses in die Eigenverantwortlichkeit der Kinder übergeben werden können, müssen Elemente wie Hilfestellung, Gefahrenpunkte und elementare Technikmerkmale gemeinsam besprochen werden. Es ist Aufgabe der Lehrkraft, ggf. zu entscheiden, welche Kinder (zur Unfallverhütung) nicht alleine bestimmte Stationen üben dürfen. Durch geschickt gewählte Organisationsformen hat die Lehrkraft aber freie Zeit, um diese Kinder intensiv zu betreuen.
Weihnachtsferien				
19/20/21	Bewegen an Geräten	– Wiederholen der oben genannten Ziele – Erlernen ausgewählter turnerischer Fertigkeiten – beidbeiniger Prellabsprung und Stützsprung gegrätscht oder gehockt – Stützsprung an Bock oder Pferd	– Wiederholung der oben genannten Inhalte – Einführung des beidbeinigen Absprungs mit Sprungunterstützung (Brett und Minitramp) am Mattenberg	Die Einführung am Mattenberg hat für die Kinder einen sehr hohen Aufforderungscharakter. Die Schüler sammeln in kurzer Zeit angstfrei reichhaltige Sprungerfahrungen. Des Weiteren verstehen sie leicht die Wichtigkeit des schnellen Anlaufs und des kraftvollen beidbeinigen Prellabdrucks auf dem Reutherbrett, was dann auf den Stützsprung am Gerät übertragen wird.

Woche	Bewegungsfeld	Lernzielschwerpunkte	Vorschläge, Anregungen und Impulse zur möglichen Umsetzung	Erläuterungen und Beispiele
22	Ringen und Raufen	– Kooperieren und Körperkontakt zulassen – Kennenlernen von Zweikampfspielen und die Bedeutung „spezieller Regeln“ (z. B. Stoppregel, An- und Abgrüßen)	– von kooperativen Aufgaben über Kämpfen um einen Gegenstand bis hin zu einfachen Zweikampfspielen mit reflektierenden Unterrichtsgesprächen	Hinweise zu den notwendigen Gesprächen finden Sie im Vorwort zu dem Könnensraster zum „Ringen und Raufen“.
	Bewegen im Rhythmus und zur Musik	– Freude am Bewegen zur Musik wecken	– Rhythmisierung von Bewegungen zu Musik in verschiedenen Spiel- und Bewegungstheateraufgaben	
23/24	Ringen und Raufen	– „Kämpfen“ in verschiedenen Zweikampfspielen	– Selbstorganisation über Lerntheke, oft in Kleingruppen (zwei Ringer plus ein Schülerkampfrichter) – eingehende Unterrichtsgespräche mit Lebensweltbezug	Lebensweltbezüge in den Gesprächen können sein: – Selbstbestimmtheit und Selbstbehauptung – Streiten ja, aber richtig! Was sind Tabus im Streit? – Sachebene von Beziehungsebene trennen lernen
	Bewegen im Rhythmus und zu Musik	– Fördern der Bewegungskreativität zur Musik	– Umsetzen eigener Bewegungsideen mit Materialien zu selbstgewählter Musik	
25/26	Ringen und Raufen	– Erweitern der Zweikampfformen zum „Gruppenkampf“	– Turnierformen zur Ermittlung des Mattenkönigs bis hin zum Burgenkampf der ganzen Klasse	Beim Gruppen- bzw. Burgenkampf geht es darum, dass die verschiedenen Gruppen versuchen, die „Burg“ (Weichbodenmatte) einer anderen Mannschaft zu erobern oder wahlweise deren „Schätze“ zu rauben. Die richtige Balance zwischen Angriff und Verteidigung erfordert ein hohes Maß an taktischer Absprache zwischen den Schülern.
	Bewegen im Rhythmus und zu Musik	– Fördern der Bewegungskreativität zu Musik	– musikalische Stilrichtungen wahrnehmen und in ausdrucksvollen Bewegungen umsetzen	
27/28	Ringen und Raufen	– Erweitern und Vertiefen des Themas	– Wunschspiele zum Ringen und Raufen	
	Bewegen im Rhythmus und zu Musik	– Fördern von Körperwahrnehmung und Körperempfinden	– Ausdrücken von Stimmungen und Gefühlen zu Musik	
29/30	Bewegen mit Geräten und Materialien	– Verbessern der koordinativen Fähigkeiten, insbesondere der Auge-Hand-Koordination sowie der Rechts-links-Koordination – Fördern der Bewegungsfantasie und -kreativität	– vielfältige koordinative Aufgabenstellungen unter besonderer Berücksichtigung der Materialvariationen – Erarbeiten eigener Ideen zu vorgegebenen Themen mit verschiedenen Bewegungsund Handgeräten	Hier bietet sich die „Artistenschule“ an, wie sie in den Ausführungen zur Individualisierung (vgl. Kap. 4.3) skizziert wurde. In den nächsten Wochen sind Sie als Moderator und Motivator gefordert, um einzelne Kinder beim Finden und Entwickeln eigener, angemessener Aufgabenstellungen zu unterstützen.

Woche	Bewegungsfeld	Lernzielschwerpunkte	Vorschläge, Anregungen und Impulse zur möglichen Umsetzung	Erläuterungen und Beispiele
			Osterferien	
31/32	Bewegen mit Geräten und Materialien	– Verbessern der koordinativen Fähigkeiten, insbesondere der Gleichgewichtsfähigkeit	– vielfältige koordinative Aufgabenstellungen unter besonderer Berücksichtigung der Materialvariationen	Impulse durch die Lehrkraft oder die Klassengemeinschaft bei einer kleinen Zwischenpräsentation helfen, Schwierigkeiten zu überwinden und die Motivation hochzuhalten!
33/34	Bewegen mit Geräten und Materialien	– Fördern der Bewegungskreativität und der Bewegungsfantasie	– Entscheidung für ein Gerät oder bestimmte Materialien zur Erarbeitung eines eigenen „Kunststücks“	Präsentation
35/36	Laufen, Springen, Werfen, Stoßen	– Verbessern der Laufausdauer und der Laufkoordination	– Ausdauerspiel- und Übungsformen – altersgerechtes Lauf-ABC unter besonderer Berücksichtigung der Laufrhythmisierung und der maximalen Übungsvariationsbreite	Auch in der Klassenstufe 3 folgt das Ausdauertraining der Logik des Laufens als Mittel zum Zweck (Transport-, Such- oder auch Orientierungsaufgaben) **Tipp:** Besuchen Sie mit den Drittklässlern doch auch mal eine 400m-Rundbahn, um sie erspüren bzw. erahnen zu lassen, was Mittel- oder Langstreckler in der LA leisten!
37/38	Laufen, Springen, Werfen, Stoßen	– Verbessern der Sprungfähigkeiten	– Über spielerische Aufgaben und Spezialübungen zum Überspringen, Niederspringen, Zielspringen aus dem Anlauf mit einbeinigem oder wechselseitigem Absprung kommen die Kinder zum leichtathletischen Sprung.	In den letzten Wochen lernen die Kinder, die Leichtathletik in ihrer großen Bandbreite zu sehen und zu verstehen.
39/40	Laufen, Springen, Werfen, Stoßen zum Schuljahresende: alle Bewegungsfelder denkbar	– Verbessern der Wurffähigkeiten – Kennenlernen der Leichtathletik in neuen Facetten	– Wiederholen des Werfens unter verschiedenen Zielsetzungen – Weitwurf mit verschiedenen Materialien (Schlagball, „Heuler“) – im Schulsport unübliche Disziplinen wie Orientierungslauf, Diskuswurf oder die Disziplinen der „alten Griechen“ – Wunschspiele	Hier können die vielfältigen Wurfaufgaben der unteren Klassenstufen genutzt werden. Der an den Könnensstand angepasste Schwierigkeitsgrad ergibt sich automatisch aus der situativen Ausführung. **Beispiel:** Der Aufbau des Punktewerfens kann von den Klassen 2 bis 4 genutzt werden. Die Kinder erzielen einfach mehr Punkte bzw. die Distanz wird erweitert. Das Prinzip bleibt gleich und der Reiz für die Schüler ungebrochen hoch.
			Sommerferien	

2.4 Arbeitsplan für die Klassenstufe 4

Woche	Bewegungsfeld	Lernzielschwerpunkte	Vorschläge, Anregungen und Impulse zur möglichen Umsetzung	Erläuterungen und Beispiele
1/2	Laufen, Springen, Werfen, Stoßen	– Vertiefen der leichtathletischen Inhalte aus dem Vorjahr – Reflektieren der Körpererfahrungen und Förderung der Selbsteinschätzung	– Wiederholen des leichtathletischen Dreikampfs in verschiedenen Variationen – Vorbereitung auf die BJS – Laufspiele mit Ausdauercharakter – altersgerechte Gespräche über Beanspruchungsreaktionen des Körpers (Atmung, Herzfrequenz …)	Auch in der vierten Klassenstufe gibt es keinen Grund, auf die motivierenden und lernförderlichen Angebote der nicht normierten Kinderleichtathletik ganz zu verzichten.
	Bewegen im Wasser	– Kennenlernen des Ordnungsrahmens – Feststellen des Ausgangsniveaus – Gruppeneinteilung	– Unterrichtsgespräche zu den Themen Baderegeln und Ordnungsrahmen beim Schwimmunterricht – Schwimmen: 200 m, Tauchen mit Orientierung und Springen aus verschiedenen Höhen	Die Schüler der vierten Klassen unserer Schule gehen das gesamte erste Halbjahr einstündig zum Schwimmunterricht. Der Schwimmlehrgang soll, wenn nötig, abgeschlossen werden. Des Weiteren wird der Schwimmsport in seiner Vielfalt vorgestellt. Am Ende besteht die Möglichkeit des Erwerbs eines Schwimmabzeichens, da dies von vielen weiterführenden Schulen vorausgesetzt wird.
3/4	Laufen, Springen, Werfen, Stoßen	– Verbessern der Start- und Sprintfähigkeiten – Laufgewandtheit und Laufrhythmisierung – Wurfschulung – Wiederholen des leichtathletischen Dreikampfs	– Lernen des leichtathletischen Tiefstarts – 50-m-Lauf mit Zeitmessung – Risikosprints – Übungs- und Wettbewerbsformen mit koordinativen Zusatzaufgaben – Einführung und Festigung des Schlagwurfs	Das Durchführen des klassischen Dreikampfs mit seinen normierten Inhalten gibt den „großen“ Viertklässlern das Gefühl, endlich „richtige“ Leichtathletik zu betreiben, so wie sie sie aus dem Verein oder dem Fernsehen kennen. Dieser motivierende Effekt ist nicht zu unterschätzen.
	Bewegen im Wasser	– Abschluss Wassergewöhnung – Verbessern der Wassersicherheit	– Spiele mit verschiedenen Schwerpunkten (Tauchen, Gleiten, Schwimmen im Bewegungstheater)	
5 bis 7	Laufen, Springen, Werfen, Stoßen	– Wiederholen des leichtathletischen Dreikampfs – Schwerpunkt Sprung	– vielfältige Erfahrungen zum Sprint, Wurf und Sprung in Form von normierten und nicht normierten Übungs- und Wettbewerbsformen	

Woche	Bewegungsfeld	Lernzielschwerpunkte	Vorschläge, Anregungen und Impulse zur möglichen Umsetzung	Erläuterungen und Beispiele
	Bewegen im Wasser	– Verbessern des Wassergefühls – Erfahren des Auftriebs und Abtriebs	– Übungsformen[13] – Gegensatzerfahrungen	**Wichtig**: Im Schwimmtechniktraining geht es nicht darum, die Kinder durch monotones, wiederholendes Üben in die Schablone eines Technikleitbildes zu pressen. Möglichst vielseitige Bewegungsformen in der Auseinandersetzung mit dem Medium Wasser und das Erleben und innere Bewerten gegensätzlicher Lösungsmöglichkeiten sind nicht nur kurzweiliger, sondern auch zielführender. Zur kindgerechten Ausgestaltung dieses Ansatzes bieten sich beispielsweise das „SwimStars"-Konzept oder auch das Koordinationstraining nach FRANK an. (vgl. Literaturliste)
Bundesjugendspiele				
Herbstferien				
8/9	Miteinander und gegeneinander spielen	– Erarbeiten von taktischen Basiskompetenzen	– Spiele der Heidelberger Ballschule	Ein wesentlicher Bestandteil des Sportunterrichts in der vierten Klasse bleibt das Üben und Weiterentwickeln der Selbstorganisation und der Konfliktlösung.
	Bewegen im Wasser	– Hinführen zur Grobform einer Schwimmart (Lage) – Einführen der Grobform Lage 1 – Springen in vielfältiger Form	– Koordinationsübungen und Gegensatzerfahrung (z. B. nach Gunther Frank; siehe Literaturliste)	
10/11	Miteinander und gegeneinander spielen	– Erarbeiten von taktischen Basiskompetenzen – Erlernen elementarer Handballregeln	– Spiele der Heidelberger Ballschule[14]	**Tipp:** Bei der empfohlenen Ballschule handelt es sich nicht nur um eine „Spielesammlung". Lernen Sie den dahinterstehenden Ansatz kennen, um dann beispielsweise selbstständig Bezugsysteme (Partner-, Gegner-, Raum- und Zielbezug) zu verändern. Hierdurch entwickeln sich die Spiele mit dem Können ihrer Schüler stets weiter bis hin zum Entstehen neuer Spiele.
	Bewegen im Wasser	– Verbesserung der Schwimmtechnik Lage 1 – Hinführen zum Startsprung	– Gegensatzerfahrungen	Es mag an dieser Stelle der Eindruck entstehen, dass sich die Schüler über Wochen mit denselben Übungen auseinandersetzen müssen. Wenn man jedoch bedenkt, wie groß die effektive Wasserzeit letztendlich im Unterricht ist, von der noch Spiel- und Sprungzeiten abgezogen werden müssen, so wird deutlich, dass das Techniktraining nur einen Stundenschwerpunkt darstellt.

[13] Ideen finden Sie z. B. in „Koordinative Fähigkeiten im Schwimmen: der Schlüssel zur perfekten Technik" von Gunther Frank (siehe Literaturliste).
[14] Ich empfehle Ihnen „Ballschule – Ein ABC für Spielanfänger" von Kröger/Roth (siehe Literaturliste).

Woche	Bewegungsfeld	Lernzielschwerpunkte	Vorschläge, Anregungen und Impulse zur möglichen Umsetzung	Erläuterungen und Beispiele
12/13	Miteinander und gegeneinander spielen	– Wiederholung des Sportspiels Handball	– Spiel- und Übungsformen zur Hinführung zum Sportspiel „Handball“	**Anmerkung:** Natürlich können auch andere Sportspiele wie Basketball, Hockey oder Fußball in Form eines Minisportspiels als Schwerpunkt in den dritten und vierten Klassen gewählt werden.
	Bewegen im Wasser	– Verbesserung der Schwimmtechnik Lage 1 – Startsprung	– Koordinationstraining	
14/15	Miteinander und gegeneinander spielen	– Festigen und Verbessern des Handballspiels	– Spielformen der Heidelberger Ballschule – Handball in vereinfachter Form	Benennen Sie ein schulinternes, vereinfachtes Regelwerk, besonders im Bereich der Schrittregelung. **Tipp:** Nennen Sie die Dreischrittregel (Handball) nicht beim Namen. Sonst werden die Kinder nach der Ballannahme immer zuerst drei roboterartige Schritte mit dem Ball in der Hand machen und dann erst nach einer Lösung der Spielsituation suchen. Formulieren Sie eher Regeln wie: *„Niemand darf den Ball in der Hand transportieren. Einzelne Schritte zum besseren Werfen, Fangen oder Orientieren sind erlaubt!“* Das richtige Gespür für die Schrittregel stellt sich dann mit der Zeit von selbst ein.
	Bewegen im Wasser	– Verbessern der Schwimmtechnik Lage 1 – Tauchen und Orientieren	– Koordinationstraining	
Handballturnier der 3. und 4. Klassen				
16	Bewegen an Geräten	– Vorbereiten der Stütz- und Haltemuskulatur, Verbessern der Körperspannung – Wiederholen und Festigen der turnerischen Fertigkeiten Rolle, Handstand und Rad	– freie und spezielle Bewegungsaufgaben an Geräten, spielerische Rumpfstabilisierung – Wiederholen der Rolle vorwärts – Wiederholen des Aufschwingens in den Handstand und des Abrollens – Wiederholen und Erweitern der Übungen des Rades in verschiedenen Organisationsformen, größtenteils selbstständig	Rollen, Handstand und Rad waren bereits im vergangenen Schuljahr Thema. Sie sollten sich aber nicht darauf verlassen, dass aus dem Vorjahr noch ausreichende Stützfähigkeiten erhalten sind bzw. die Schüler die Techniken schon komplett verinnerlicht hatten. Deshalb kommt der Vorbereitung der Stütz- und Haltemuskulatur besondere Bedeutung bei der Unfallprävention zu

Woche	Bewegungsfeld	Lernzielschwerpunkte	Vorschläge, Anregungen und Impulse zur möglichen Umsetzung	Erläuterungen und Beispiele
	Bewegen im Wasser	– Verbessern der Schwimmtechnik Lage 1 – Wasserspringen als Teil des Schwimmsports	– Kombinations- und Korrekturformen	Auch wenn hier das Entwickeln der Schwimmtechnik in den Fokus des Unterrichtens gestellt wird, vergessen Sie nicht, dass der Schwimmsport auch aus den Bereichen Springen, Synchronschwimmen und Spielformen besteht. Bringen Sie Abwechslung in Ihren Unterricht, in dem Sie auch diese Bereiche aufgreifen.
Weihnachtsferien				
17/18	Bewegen an Geräten	– Festigen der Fertigkeiten Rolle, Handstand und Rad	– selbstständiges Erarbeiten über eine Lerntheke mit einer Vielzahl von Übungsangeboten	Zentrale Hinweise zur Hilfestellung, Bewegungsausführung und Gefahrenstellen müssen zunächst im Klassenverband besprochen werden! Erst dann sollten die Kinder eigenverantwortlich üben. Eventuell dürfen einige Kinder bestimmte Stationen nur unter Ihrer Aufsicht und Hilfestellung üben.
	Bewegen im Wasser	– Staffelwettbewerbe – Abnahme des Schwimmabzeichens in Bronze	– Vorbereitung und Durchführung der Tests	
19/20	Bewegen an Geräten	– Festigen der Fertigkeiten Rolle, Handstand und Rad	– Wiederholen der Inhalte der letzten Stunden	Nutzen Sie die durch die Organisationsform entstandenen Freiräume intensiv zur Unterstützung einzelner Kinder. Nehmen Sie starke Turner mit in die Verantwortung, um andere Kinder zu beraten.
	Bewegen im Wasser	– Abschlusstests – Spielen und Springen	– Schwimmen: 200 m – Springen aus verschiedenen Höhen – Tauchen mit Orientierung	Abnahme der Schwimmabzeichen
21/22	Bewegen an Geräten	– Wiederholen und Festigung des beidbeinigen Prellabsprungs und Wiederholung des Übergrätschens am Bock – Erlernen der Hocke quer über das Pferd	– Wiederholen des beidbeinigen Prellabsprungs mit Sprungunterstützung (Brett und Minitramp) am Mattenberg – Wiederholen des Stützsprungs am Bock – Einführen der Hocke über den Mattenberg	Die Hocke über das Querpferd stellt für die Kinder eine große Überwindung dar. Das Vertrauen in die eigenen Fähigkeiten bzw. in die Hilfestellung spielt eine entscheidende Rolle. Der Mattenberg lässt Angst verschwinden und Selbstvertrauen wachsen.
23/24	Bewegen an Geräten	– Wiederholen und Festigung des beidbeinigen Prellabsprungs und Wiederholung des Übergrätschens am Bock – Erlernen der Hocke quer über das Pferd	– Wiederholen der Inhalte – sukzessive Reduzierung des Mattenbergs hinter dem Querpferd	Differenzieren Sie die Zielvorgaben innerhalb ihrer Schülerschaft. So werden leistungsstarke Kinder das Pferd problemlos überhocken und übergrätschen, während andere Schüler mit dem Aufknien oder Aufhocken am Mattenberg bereits an ihre Grenzen stoßen.

Woche	Bewegungsfeld	Lernzielschwerpunkte	Vorschläge, Anregungen und Impulse zur möglichen Umsetzung	Erläuterungen und Beispiele
25/26	Ringen und Raufen	– Körperkontakt zulassen	– von kooperativen Aufgaben über das Kämpfen um einen Gegenstand bis hin zu einfachen Zweikampfspielen	Hygienegespräche vor dem Ringen und Raufen; „Miteinander oder gegeneinander kämpfen?"; Stoppregel einführen; An- und Abgrüßen thematisieren
27/28	Ringen und Raufen	– Ringen und Raufen als sportlicher Zweikampf mit Regelwerk	– einfache Zweikampfspiele, Ringen und Raufen	individuelles Herantasten über Lerntheke in Selbstorganisation
29/30	Ringen und Raufen	– vom Zweikampf zum Gruppenkampf	– zunehmend komplexe Gruppenkämpfe mit und ohne Schülerschiedsrichter	
31/32	Ringen und Raufen	– „Mattenkönig" und „Burgenkämpfe"	– komplexe Burgenkämpfe unter verschiedenen Zielsetzungen	
Osterferien				
33/34	Bewegen mit Geräten „Zirkusprojekt"	– Ideen und Anregungen zu verschiedenen Bewegungs- und Handgeräten finden	– angeleitetes Üben mit verschiedenen Kleingeräten	„Artistenschule" – die Lehrkraft gibt Impulse und stellt Geräte bzw. Artistikrichtungen vor. Auch wenn das Prinzip der Artistenschule bereits im dritten Schuljahr vorgestellt wurde, stellt es keine reine Wiederholung dar. Da eine Präsentation geplant ist, gehören Choreografie, Bühnenbekleidung und passende Musik zu den Aufgaben der Kinder. Kurz gesagt: Was macht aus einem Kunststück einen publikumswirksamen Auftritt?
35/36	Bewegen mit Geräten „Zirkusprojekt"	– eigene Choreografien mit dem Lieblingsgerät in der Kleingruppe entwickeln	– freies Ausprobieren und Entscheidung für „Spezialisierung"	
37/38	Bewegen mit Geräten „Zirkusprojekt"	– Einstudieren der Choreografie und Vorbereitung der Präsentation	– Selbstorganisation in Kleingruppen – Präsentation der Zwischenergebnisse	Kritikfähigkeit will geübt sein: Nehmen Sie sich Zeit, mit Ihren Schülern das Formulieren von konstruktiver und wertschätzender Kritik zu üben. Außerdem sollte das Annehmen von Kritik ein Thema sein.
39/40	Bewegen mit Geräten „Zirkusprojekt"	– Einstudieren der Choreografie und Vorbereitung der Präsentation	– Vorbereitung des „großen Auftritts"	Natürlich fiebern die Artisten ihrem Auftritt entgegen. Dies kann im Rahmen einer Klassenfeier, dem Schulsommerfest oder der Entlassungsfeier sein. Sie werden eine würdige Plattform finden.
Abschied nehmen: Sommerferien				

3. Unterrichtsverfahren, Rolle der Lehrkraft und methodische Maßnahmen

„Wenn ich im Sport so richtig getobt habe, kann ich auch wieder still sitzen!"

(Laurin, 1. Klasse)

Damit die Umsetzung der unter Punkt 3 dargestellten Ziele gelingen kann, sind richtungsweisende methodische Entscheidungen in der Unterrichtsplanung wichtig.

Als unterschiedliche Strategien zur Zielerreichung möchte ich im Folgenden auf **deduktive** und **induktive Verfahren** eingehen. Beide Verfahren bieten spezifische Vor- und Nachteile und haben ihre Daseinsberechtigung im Sportunterricht der Grundschule.

Auch wenn es sich nicht um sich gegenseitig ausschließende Gegensätze handelt, sollte man sich im Vorfeld einer Unterrichtseinheit für eines der beiden Verfahren entscheiden, um die Stundenziele zu erreichen.

Wenn Sie eines der beiden Unterrichtsverfahren durchführen, erfordert dies von Ihnen, dass Sie Ihre Lehrerrolle besonders reflektiert einsetzen. Das zum Verfahren passende Lehrverhalten unterstützt die gewünschte pädagogische Wirkung.

Exkurs

Erklärung der aufgeführten methodischen Maßnahmen:

Bei Bewegungsanweisungen handelt es sich um geschlossene Aufgabenstellungen, welche ebenso wie Bewegungsbeschreibungen bzw. -erklärungen und der Bewegungsdemonstration dem **deduktiven Verfahren** zuzuordnen sind.

Bewegungsaufgaben und Bewegungsgeschichten sind offene Aufgabenstellungen, welche den Kindern Handlungs- und Ausführungsvariationen eröffnen und so Bewegungskreativität fördern.

3.1 Deduktives Unterrichtsverfahren

Das klassische deduktive Lehrverfahren ist eine vom Lehrer ausgehende Vermittlungsstrategie, in der die Lehrkraft mit **geschlossenen Aufgabenstellungen** und **Bewegungsanweisungen** arbeitet. Die Lehrkraft tritt in erster Linie als **Lehrender, Erklärer und Erziehender** auf. Sie setzt einen engen unterrichtlichen Rahmen, der den Schülern wenig Entscheidungs- und Handlungsspielraum lässt.

Als Lehrer können Sie sich beispielsweise für den deduktiven Lehrweg entscheiden, weil für Sie motorische Lernziele und elementare Bewegungserfahrungen im Mittelpunkt Ihrer Stundenplanung stehen. Übungsaufgaben und Zielbewegungen werden durch **Demonstration** bzw. **Visualisierung und Bewegungsbeschreibung-** bzw. **-erklärung** vorgeben. Die anschließenden **Bewegungsanweisungen** lenken den Lernweg in enge Bahnen des Übens und Wiederholens. Unterstützende Impulse im Sinne einer **Bewegungskorrektur** sind meist verbaler, taktiler oder visueller Natur und nehmen direkten Einfluss auf den Lernvorgang. Differenzierungen müssen Sie durch gestufte Aufgabenstellungen vornehmen.

Das deduktive Verfahren ist ökonomisch und eher produktorientiert. Es führt schnell zu den gewünschten, klar definierten (motorischen) Ergebnissen. Durch den Wegfall von Handlungs- und Entscheidungsspielräumen ist es zudem recht konfliktarm. Die Schüler handeln rezeptiv und üben die durch Demonstration und Bewegungsanweisung veranschaulichten Ziele.

Als **Kontrolleur und Bewerter** des Lernfortschritts gibt der Lehrer Rückmeldung und entscheidet über die weiteren Lernschritte.

3.2 Induktives Unterrichtsverfahren

Der induktive Weg lässt die Schüler selbstständig erproben, beurteilen, verwerfen und neue Wege und Lösungen suchen. Die Bewegungsaufgaben bieten **Handlungs- und Entscheidungsspielräume**. Die unterstützenden Impulse durch Sie als Lehrkraft finden nicht durch korrigierendes Eingreifen, sondern durch reflektierende und ermutigende **Unterrichtsgespräche** statt.

Für die Lösung der Unterrichtsaufgaben sind oftmals intensive Absprachen und Kooperation der Schüler notwendig. Die Interaktionen und das selbstständige Arbeiten der Schüler sind keineswegs „Nebenprodukt“ des Unterrichtsverfahrens, sondern notwendig, um in der Stundenplanung definierte Lernziele aus **personalen und sozialen Kompetenzfeldern** zu erreichen. Der Lernprozess selbst gewinnt also an Wert, da er die „überfachliche Intentionen“ fördert. Vgl. Kap. 1.1

Als Lehrer agieren Sie als **Koordinator** und intensiv als **Motivator**. Die Rolle des **Beraters** zeichnet sich im induktiven Verfahren dadurch aus, dass Sie keine Lösungen vorgeben, sondern die Schüler subtil im Stile eines **Moderators** beim Erarbeiten eigener Ergebnisse unterstützen. Das gilt besonders für problembezogene Unterrichtsgespräche, in denen Konfliktlösungsstrategien entwickelt werden müssen.

Verschiedene Ausführungsvarianten und Schwierigkeitsgrade entstehen durch die Bewegungskreativität der Kinder. Es findet somit automatisch eine innere Differenzierung statt.

Vgl. Kapitel 4 Differenzierung und Individualisierung.

Beispiele

Deduktiv: In einem „Piratenparcours“ zum Balancieren, Klettern und Schwingen einer ersten Klasse gibt der Lehrer vor, wie die „Matrosen“ auf der „Reling“ (Barren) balancieren sollen. Er lässt es demonstrieren und im Folgenden so üben. Somit ist sichergestellt, dass alle Schüler (die hierzu in der Lage sind) die gewünschten wertvollen Bewegungserfahrungen sammeln.

Induktiv: *„Ihr wisst, dass Piraten mutig klettern müssen. Hierfür übt ihr an der Reling. Wie viele Lösungen findet ihr, um von einem Ende der Reling zum anderen zu gelangen, ohne den Boden zu berühren?“*

Der „Leichtmatrose" übt an der „Reling".

Besonders wertvolle Erkenntnisse gewinnen Sie als **Beobachter** in induktiven Stunden. Sie erhalten Erkenntnisse über Sozial- und Arbeitsverhalten einzelner Schüler.

Beispiel

Die Kinder sollen sich zu Dreiergruppen organisieren und bekommen folgende Aufgabe: *„Ihr sollt gemeinsam als Gruppe das Volleyballfeld überqueren. Zusammen habt ihr sechs Beine. Ihr müsst gehen (nicht rutschen, knien, ...), aber es dürfen bei einer Querung nur zwei Beine den Boden berühren. Wie viele Lösungen findet ihr?"*
Sehr schnell wird deutlich werden, wie unterschiedlich die einzelnen Gruppen nach Lösungen suchen. Auch zeigt sich, wie die Schüler den gegebenen Freiraum nutzen (einige evtl. auch ausnutzen).

Lösung gefunden: Man kann auch auf den Armen laufen und einbeinig hüpfen!

Eine weitere von vielen Lösungen

Achtung: Lernzielfestlegung, Unterrichtsverfahren, methodischer Weg und Lehrerrolle beeinflussen sich gegenseitig und sollten in der Stundenplanung nicht voneinander unabhängig bedacht werden.

Vgl. Kapitel 6.3: 10 Tipps zur systematischen Stundenplanung

4. Differenzierung und Individualisierung

Maßnahmen zur Differenzierung und Individualisierung sind unverzichtbare Bestandteile aller Unterrichtsfächer, also auch des Sportunterrichts.

Die Heterogenität der Schülerschaft im sportmotorischen Bereich stellt für jeden Sportlehrer eine Herausforderung dar. Die Unterschiede innerhalb der Lerngruppen lassen deutlich werden, dass bei einem für alle Schüler gleichen Lernweg eine Unter- bzw. Überforderung vieler Kinder die logische Konsequenz wäre. Der Grad der Lernzielerreichung kann so von Schülern und Lehrern nur als unzureichend beurteilt werden.

Eine differenzierte, auf die Heterogenität der Gruppe angepasste Aufarbeitung des Lernstoffs ist unabdingbar.

Differenzierung im Sportunterricht

Unter Differenzierung wird jede Variation des Unterrichtens im Hinblick auf **Unterrichtsziele, Inhalte und Methoden** verstanden. Meist findet Differenzierung innerhalb einer Lerngruppe statt, um Lernziele und methodische Maßnahmen auf das heterogene Niveau der Schüler anzupassen.

Differenzierung kann aber auch bedeuten, dass das gleiche Lernziel für verschiedene Klassen(stufen) verschieden aufgearbeitet wird. Dies bezieht sich ebenso auf den methodischen Weg wie auf die zielgruppengerechte Ansprache.

Beispiel
Der leichtathletische Sprintstart ist Inhalt aller vier Klassenstufen. Selbst die motorische Zielvorgabe unterscheidet sich kaum, die methodische Aufarbeitung jedoch enorm.
In den ersten Klassenstufen kann die Fantasie der Kinder genutzt werden, um den so genannten „Löwenstart" zu üben. In eine Bewegungsgeschichte verpackt, können Sie als Lehrer die drei wichtigen Kriterien des leichtathletischen Sprintstarts durch den „Löwenstart" vermitteln. Im folgenden finden Sie die Kurzfassung, die Sie je nach Fantasie und Humor ausschmücken können:

„Löwen müssen sehr schnell aus ihrem Versteck starten, sonst gibt es kein Fressen. Deshalb kann man von ihnen viel über einen guten Start lernen.

1. *Die Löwen schleichen sich mit kleinen Schritten an die Beute heran* (richtige Schrittstellung). *Dies hat aber nicht geklappt, die Antilopen konnten die Löwen sehen!*
2. *Die Löwen müssen also den Kopf im hohen Gras weit runter nehmen, aber der Hintern bleibt oben* (Vorspannung der beteiligten Muskulatur): *Jetzt sehen unsere Löwen aber nichts mehr im hohen Gras!*
3. *Deshalb müssen sie ihre Beute mit der Nase wittern. Leider hat ein Löwe aber Käsefüße und alle riechen nur seine Tatzen. Darum müssen die Löwen die Nase weit nach vorne, vor die Füße, in den Wind bringen* (Verlagerung des Körperschwerpunktes nach vorne).
4. *Die Löwen sind jagdbereit!"*

Bitte beachten Sie: Der „Löwenstart" ist in den ersten Klassenstufen ein passendes Hilfsmittel, manchem Viertklässler aber bereits „viel zu kindisch".

Mit hungrigen Löwen ist nicht zu spaßen!

Die anschauliche Geschichte des „Löwenstarts“ wird mit einer Demonstration verbunden. Beides zusammen prägt eine Bewegungsvorstellung, welche erstaunlich nahe an dem leichtathletischen Tiefstart ist.

Anmerkung

Auch wenn unter einer Bewegungsgeschichte im Normalfall ein induktives Verfahren verstanden wird, welche Bewegungsfantasie und Bewegungskreativität der Schüler fördern soll, wird hier trotzdem die methodische Maßnahme der Demonstration eingesetzt. So kann die gewünschte Zielbewegung mit im Gedächtnis verankerten Bildern der Geschichte verknüpft werden.

Die Schüler zeigen beim Üben des „Tigerstarts“ eine „vielversprechende Jagdhaltung“ und bereiten sich damit optimal auf den Tiefstart beim Sprint vor.

Bei der Differenzierung innerhalb der Klassengemeinschaft wird zwischen **inneren und äußeren Differenzierungsmaßnahmen** unterschieden.

Bei der äußeren oder organisatorischen Differenzierung wird die Klasse in verschiedene Lerngruppen (meist nach Leistungsniveau) eingeteilt. Aber auch Interesse, Geschlecht und Körpergröße sind gängige Differenzierungsgründe im Sportunterricht. Dementsprechend unterscheiden sich die Inhalte, Aufgaben und Ziele, mit denen die Lerngruppen konfrontiert werden.

Die innere Differenzierung löst das Problem der Heterogenität im geschlossenen Klassenverband. Auch hier kommen gestufte Lernziele oder methodische Variationen zur Unterstützung einzelner Kinder zum Tragen.

Im Folgenden soll von diesem Sprachgebrauch abgewichen werden und innere und äußere Differenzierung wie folgt interpretiert werden:

4.1 Innere Differenzierung

Unter innerer Differenzierung wird in diesem Buch eine **durch das Kind selbst vorgenommene Differenzierung** verstanden. Die durch die Lehrkraft vorgegebenen Aufgaben sind für alle Schüler gleich.

Die Möglichkeit für zahlreiche Variationen in der Ausführung lässt Spielraum für unterschiedliche Könnensstufen. Damit die innere Differenzierung wie beschrieben wirkt, müssen Sie als Lehrer offene Aufgabenstellungen formulieren, die Handlungsspielräume eröffnen.

Beispiel 1

In einem Geräteparcours zum Thema „Hangeln, Schwingen und Balancieren" (auch möglich als „Im Dschungel des Regenwaldes") geben Sie als Lehrer weder durch Bewegungsanweisung noch durch Demonstration eine Zielvorgabe. Sie aktivieren vielmehr an den einzelnen Stationen die Bewegungskreativität der Kinder *„Wie viele Lösungen findet ihr, um den Fluss* (blaue Matten) *zu überqueren?"* Die Lösungen werden sich in erheblichem Maße in Anzahl und motorischer Qualität unterscheiden.

Beispiel 2

Zur Schulung der Laufausdauer findet ein Sechs-Tage-Rennen statt. Die Klasse wird in verschiedene Rennställe (etwa vier bis fünf Kinder) eingeteilt und ein Rundkurs markiert. Als Lehrer geben Sie folgenden Hinweis: *„Jede gelaufene Runde eures Teams wird gezählt. Es dürfen immer nur zwei Läufer eurer Mannschaft auf der Strecke sein. Der Rennstall mit den meisten Runden hat gewonnen."*
Die Kinder können sich bei diesem Spiel je nach Könnensstand unterschiedlich einbringen.

Tipp

Bei Schülern, die zu ausweichendem Verhalten neigen, sind Sonderregeln erforderlich: *„Ein Team kann nur gewertet werden, wenn jeder mindestens zehn Runden gelaufen ist."* oder: *„Auch gute Läufer müssen spätestens nach drei Laufrunden mindesten eine Runde aussetzen!"* So ist sichergestellt, dass alle Kinder sich intensiv beteiligen.

Auch Lernangebote in Form von **Karteikarten** oder einer **Lerntheke** zählen zur inneren Differenzierung, wenn sie allen Kindern gleichermaßen offenstehen. Ein besonderer Vorteil dieser Organisationsform ist, dass der Lehrer viel Zeit gewinnt, um sich einzelnen Schülern unterstützend zuzuwenden.

Bei den Karteikarten und der Lerntheke, freie Wahlmöglichkeit vorausgesetzt, handelt es sich um Verfahren, die es den Schülern eröffnen, vielfältige Lösungs- und Zugangsmöglichkeiten zu erproben.

Vgl. Kapitel 3 Unterrichtsverfahren, Rolle der Lehrkraft und methodische Maßnahmen

Beispiel
Die Kinder einer vierten Klasse behandeln das Thema „Ringen und Raufen". Sie sollen sich partnerweise oder in Kleingruppen organisieren und sich an einer Lerntheke für verschiedene Spiel- und Übungsformen entscheiden. Alle auf den Karteikarten beschriebenen Aufgaben stehen ihnen offen. Die Lehrkraft agiert als Berater und Beobachter. Die Schüler werden sich ihrem Naturell entsprechend unterschiedliche Zweikampfspiele aussuchen und so einen eigenen Zugang zum Thema wählen.

Durch Selbstorganisation finden die Schüler verschiedene Zugänge zum Ringen und Raufen.

Ein Vorteil der beschriebenen Vermittlungsstrategien liegt darin, dass die Differenzierung weitgehend „im Verborgenen" stattfindet. Leistungsschwächere Kinder werden nicht für alle sichtbar. Es geht also nicht darum, Nichtkönnen aufzudecken, sondern um das Ermöglichen von Könnenserlebnissen auf jedem Niveau.

Ein Nachteil liegt darin, dass Entscheidungs- und Handlungsspielräume die Möglichkeit des „Sichversteckens" bieten.

Beispiel
Ein übergewichtiges Kind vermeidet Aufgaben, die die unzureichend entwickelte Stützmuskulatur der Arme trainieren würde. Gerade aber dieser Schüler bräuchte dies, um bei turnerischen Inhalten erfolgreich mitarbeiten zu können. Da Sie als Lehrer Ihre Schüler im Allgemeinen gut kennen, können Sie an dieser Stelle motivierend eingreifen.

4.2 Äußere Differenzierung

Äußere Differenzierung soll verstanden werden als jede von außen, also durch die Lehrkraft, **vorgegebene Variation der Inhalte und Methoden**.

Je geschlossener die Aufgabenstellung ist, desto notwendiger ist das differenzierte Unterrichten durch die Sportlehrkraft. Das gilt in besonderem Maße für Bewegungsanweisungen in Übungsreihen. Da wenige Handlungsspielräume vorhanden sind, muss individuell über angepasste Bewegungsanweisungen entschieden werden.

Beispiel
Die Überkopfsituation beim Startsprung im Schwimmen erfordert spezifische Vorerfahrungen, Mut und Wassersicherheit. Die Hinführung über das Gleiten, Delfinsprünge und die schiefe Ebene sind eine mögliche Herangehensweise. Es ist kaum vorstellbar, dass alle Schüler den Lernprozess im gleichen Tempo durchlaufen.

Da es sich bei den im Beispiel genannten Übungen um geschlossene, hierarchisch aufeinander aufbauende Übungen handelt, obliegt es Ihnen als Lehrer zu entscheiden, wer den nächsten Schritt wagen kann.

4.3 Individualisierung

Eine besondere Form der Differenzierung stellt die Individualisierung dar. Hierbei handelt es sich um individuelle Variationen der Methoden, Inhalte oder Ziele. Individualisierung kann durch die Lehrkraft oder durch die Schüler selbst vorgenommen werden. Dies kann nach Können oder nach Neigung geschehen.

Beispiel
Das Thema Artistenschule soll in einer 4. Klasse behandelt werden. Die Lehrkraft stellt einige Handgeräte vor und gibt Impulse. Die „Artistenschüler“ probieren sich in der folgenden Stunde aus oder bringen eigene Geräte mit (z. B. Einrad, Waveboard, Diabolo).
Wie richtige Artisten „spezialisieren“ sich die Kinder auf ein Material und erarbeiten in den nächsten Stunden ihr Kunststück. In einer Zwischenpräsentation bekommen sie neue Impulse. Dies fördert in besonderem Maße die Kritikfähigkeit. Es geht zum einen darum, Kritik anzunehmen, zum anderen aber müssen die Schüler auch das Äußern der Kritik wertschätzend und konstruktiv gestalten.
Mit selbst gewählter Musik und entsprechendem Outfit werden die Ergebnisse am Ende der Einheit präsentiert.

Tipp
Die Kinder haben eine würdige Plattform verdient! Wie wäre es mit einer Präsentation bei der Entlassungsfeier? So hätte die Feier auch gleich ihr Motto und beeindruckende Programmpunkte …

Leistungs- und neigungsorientierte Aufgabenstellungen sichern maximalen Lernfortschritt und gewährleisten hohe Motivation aller Schüler.

Da hält das Publikum den Atem an!

5. Leistungsbeurteilung

Der Begriff „Leistungsbeurteilung“ wird meist mit Begriffen wie Notengebung bzw. Zeugnistexten gleichgesetzt. Es geht aber um mehr: Gefragt ist eine **umfassende Feedbackkultur**. Jede Rückmeldung über das Verhalten der Schüler ist Teil der Leistungsbeurteilung und eine zentrale Aufgabe des Lehrers.

Das Feedback an den Schüler, egal ob Note, Lob oder Kritik, ist eine pädagogische Handlung. Sie hat vielfältigen Einfluss auf die Entwicklung des Kindes. Sie kann die Entwicklung in verschiedenen Lernfeldern unterstützen oder auch hemmen.

Zum Gelingen müssen folgende vier Dimensionen des Lernprozesses beobachtet und analysiert und zu einer umfassenden Bewertung zusammengeführt werden.

A) Leistungsfähigkeit

Es ist einleuchtend, dass die Leistungsfähigkeit bei der Leistungsbeurteilung eine zentrale Rolle spielt. Jedem talentierten Kind steht wertschätzende und anerkennende Rückmeldung für seine Begabung zu. Aber auch Schüler, die sich im sportlichen Bereich schwertun, brauchen ehrliche Beurteilungen. Schönreden entwickelt weder Selbsteinschätzung noch Kritikfähigkeit oder Frustrationstoleranz. Die Art und Weise der Kritik jedoch ist entscheidend für die weitere Sportmotivation. Auch deshalb kommt den drei im Folgenden behandelten Beurteilungskriterien wichtige Bedeutung zu.

B) Leistungsbereitschaft

Im Grundschulalter werden Werte unserer Leistungsgesellschaft erst geprägt und emotional belegt. Leistungsbereitschaft und -freude, Zielstrebigkeit, Eigenverantwortlichkeit und auch Frustrationstoleranz werden nur entwickelt und verinnerlicht, wenn Kinder hierfür Anerkennung bekommen. Damit sich personale oder auch soziale Kompetenzen festigen und zu überdauernden Persönlichkeitsmerkmalen entwickeln, müssen die Schüler beispielsweise erfahren, dass es sich lohnt, sich anzustrengen.

Vgl. Kapitel 1.1 Überfachliche Intention

Beispiel
Ein Schüler soll eine Jonglieraufgabe lösen. Trotz wiederholter Hilfe durch den Lehrer und des Einsatzes verschiedener vereinfachender Materialien, gelingt die Aufgabe nicht. Der Schüler zeigt vorbildliche Anstrengungsbereitschaft und gibt nicht auf.
Hier ist deutliche Rückmeldung durch die Lehrkraft notwendig, dass die gezeigte Arbeitshaltung imponiert und Respekt verdient. Wenn dies nicht geschieht oder ausschließlich in einer Ziffernote die Leistungsfähigkeit beurteilt wird, dann wird sich der Schüler im Laufe der Zeit von dem Leistungsprinzip abwenden. Es lohnt sich für ihn ja offensichtlich nicht!

Zur Beurteilung der Leistungsfähigkeit und des individuellen Lernfortschritts muss jedem Schüler wirklich die Möglichkeit gegeben werden, seinen Lernstand zu demonstrieren. Leider wird allzu oft nur das Nichtkönnen offengelegt!

Beispiel
Die Ergebnisse des Stützsprungs (am Bock) sollen bewertet werden. Ein Schüler hat Angst, weil er sich dabei schon einmal verletzt hat. Er läuft, wenn überhaupt, nur zögerlich an und springt nicht.
Zur Bewertung darf der Schüler zusätzlich am Mattenberg springen. Dieser ist weich und nimmt die Angst. Der Schüler läuft zügig an, zeigt einen altersgerechten Prellabdruck auf dem Reutherbrett mit anschließender Flugphase, Stützaufnahme der Hände und Aufknien oder sogar Aufhocken.
Es wird deutlich, dass der Schüler im motorischen Bereich die Lernziele weitestgehend umgesetzt hat. Eine faire Beurteilung seiner Stützsprungschulung kann nun sichergestellt werden.

C) Individueller Lernfortschritt

Kinder kommen mit sehr unterschiedlichen Voraussetzungen und Vorerfahrungen in den Sportunterricht. Deshalb ist es oft nicht möglich, sie mit den gleichen Aufgaben und Erwartungshaltungen zu konfrontieren. Eine individuelle Lernentwicklung ist die logische Folge. Demnach muss dies auch in der Leistungsbeurteilung seine Beachtung finden.

Beispiel
Das Aufschwingen in den Handstand fällt der Schülerin A leicht, da sie in ihrem Sportverein im Wasserspringen hilfreiche Bewegungserfahrungen sammeln konnte. Sie erlernt den Handstand entsprechend schnell.
Schülerin B spielt Fußball. Sie bringt keine spezifischen Erfahrungen mit, die sie auf den Handstand übertragen kann. Außerdem hat sie Angst vor Überkopfsituationen. Nach einigen Stunden mit individuell differenzierten Aufgabenstellungen hat Schülerin B ihre Angst weitestgehend überwunden. Sie läuft mit den Füßen an der Wand hoch und zeigt einen abgestützten Handstand.
Beide Schülerinnen haben ihr Maximales zur vollen Zufriedenheit des Lehrers erreicht, auch wenn das Ergebnis sehr unterschiedlich ist.

D) Sportrelevantes Sozialverhalten

Warum das Sozialverhalten Teil der Sportnote ist, erschließt sich nicht auf den ersten Blick. Das Verhalten wird schließlich auch an anderer Stelle im Zeugnis beurteilt. So kann jemand durchaus ein klarer „Einser-Sportler" sein, auch wenn sie oder er in der Umkleidekabine die Mitschüler stört und immer wieder die Autorität des Lehrers auf die Probe stellt.

An anderen Stellen ist das Sozialverhalten sehr wohl relevant für die Leistungsbeurteilung im Fach Sport. Es geht um Fair-Play und die damit verbundene Werteorientierung als definiertes Lernziel des Sportunterrichts.

Beispiel
Das Sportspiel Handball mit vereinfachten Regeln wird erarbeitet. Ein talentierter Vereinshandballer zeigt großen Ehrgeiz und ist mit der Leistung einzelner Mannschaftskameraden nicht zufrieden. Seine motzigen Vorhaltungen verunsichern die schwächeren Teammitglieder zusätzlich. Sein Verhalten stärkt also nicht die Mitspieler und unterstützt nicht den Erfolg, sondern schwächt die anderen Mannschaftsmitglieder und führt so zu einer schwächeren Leistung des eigenen Teams.
Dieses sportrelevante Sozialverhalten muss auf jeden Fall Teil der Leistungsbeurteilung sein.

E) Transparenz und Schülereinbindung

Kinder können sich meist sehr gut einschätzen, wenn es um ihre Leistungsfähigkeit geht. Voraussetzung ist aber eine transparente Erwartungshaltung des Lehrers und gemeinsam besprochene Beurteilungskriterien. Transparente Erwartungshaltungen beziehen sich ausdrücklich nicht nur auf das Ergebnis, sondern auch auf das Arbeitsverhalten während des Lernprozesses.

Kinder sollten mit in die Notengebung eingebunden werden. Das gilt ganz besonders in Fächern, in denen die Leistungsbeurteilung oftmals nicht objektiviert werden kann und in hohem Maße von Ihrer Einschätzung als Lehrer abhängt.

Geben Sie Ihren Schülern das Gefühl, ernst genommen zu werden und nicht passiv Ihrer „Willkür" ausgesetzt zu sein, wird die Leistungsbeurteilung zu einem Bestandteil der pädagogischen Arbeit im Sportunterricht.

Das (erfolgreiche) Eintreten für die eigenen Interessen entwickelt nicht nur personale Kompetenzen des Kindes und stärkt das Selbstbewusstsein. Sie haben als Lehrkraft außerdem hier die Möglichkeit, durch Ihr Verhalten bei den Schülern ein positives Bild von Autorität zu prägen.

Beispiel
Während einer durch die Schüler selbstständig geleiteten Spielphase hat der Lehrer Zeit für Vier-Augen-Gespräche. Die Kinder benoten in diesen Gesprächen zunächst sich selbst, dann verrät die Lehrkraft ihre Einschätzung. Wie groß ist die Diskrepanz?
Ist das Kind nicht mit der Beurteilung des Lehrers einverstanden, soll es mit altersgerechten Sachargumenten für seine Interessen eintreten.
Z. B.: *„Ich habe in den letzten Stunden ganz oft an der Station mit dem Mattenberg geübt und finde, dass mein Absprung schon viel besser geworden ist. Ich achte bei der Landung auf alles, was du gesagt hast. Deshalb finde ich, dass ich eine bessere Note verdient habe."*

Im Sportunterricht hat die Lehrkraft die Möglichkeit, die vier Teilbereiche der Leistungsbeurteilung (A–D) unterschiedlich zu gewichten. Hierbei handelt es sich nicht nur um pädagogische Freiheit, sondern schlichtweg um eine Notwendigkeit. Vor dem Hintergrund des Inklusionsgedankens wird dies besonders deutlich.

Einen allgemein verbindlichen Weg gibt es nicht. Die jeweilige Gewichtung verrät viel über das Selbstverständnis der Sportlehrkraft und sollte auch deshalb wohlüberlegt sein.

! Die Leistungsbeurteilung ist eine Rückmeldung an die Lernenden und zugleich eine pädagogische Handlung. Sie bedarf deshalb der Berücksichtigung verschiedener Dimensionen des Lernprozesses.

Können, Mut, Teamgeist, Anstrengungsbereitschaft: Wer ein guter Sportler werden will, hat alle Hände voll zu tun!

6. Top 10 der Praxistipps

Im Folgenden finden Sie verschiedene Tipps aus meiner langjährigen Praxis als Sportlehrer. Die Tipps sind ausgewählte Hinweise und erheben keinen Anspruch auf Vollständigkeit.

6.1 10 Tipps zur Sicherheit im Schulsport

In den vorhergehenden Kapiteln wurden Themen wie Unterrichtsverfahren, Differenzierung und Individualisierung unter didaktischen und methodischen Perspektiven erörtert. Die bearbeiteten Themen haben aber nicht nur wesentlichen Einfluss darauf, ob der Sportunterricht seine Ziele erreicht, sondern auch eine maßgeblich sicherheitsrelevante Dimension.

So entscheidet das Unterrichtsverfahren über das Ausmaß an Handlungs- und Entscheidungsspielräumen der Schüler. Damit das Mehr an Freiheit nicht missbraucht wird und eventuell zu Unfällen führt, müssen die Aufgabenstellungen an den Könnensstand der Schüler angepasst werden. Durch Differenzierung und Individualisierung minimieren Sie als Lehrer so das Gefahrenpotenzial durch Unter- oder Überforderung.

Beispiel 1
In einer lehrerzentrierten Stunde zum Thema „Stützsprung“ werden in einer methodischen Übungsreihe geschlossene Aufgabenstellungen gegeben. Hier steht der Lehrer in der Pflicht, gestufte Aufgabenstellungen zu geben, um der Heterogenität der Klasse gerecht zu werden und Überforderung zu vermeiden.

Beispiel 2
In einer induktiv gestalteten Stunde zum Thema „Klettern, Hangeln und Schwingen“ sollen offene Aufgabenstellungen viele kreative Lösungen ermöglichen. Hierbei ist die Lehrkraft gefordert, Gefahrenstellen und „Schnapsideen“ der Kinder zu antizipieren und (Verbots-) Regeln aufzustellen. Ist beispielsweise eine Kletterstation mit einem Weichboden als Fallschutz gesichert, so ist darauf zu achten, dass kein sprunggelenksgefährdender Niedersprung durch die Kinder vorgenommen wird, so verlockend dies auch sein mag.

Aber auch die Tipps zum Lehrverhalten und eine gute Stundenplanung haben große sicherheitsrelevante Bedeutung. So stellt beispielsweise das konsequente Einfordern von Gesprächsregeln sicher, dass die Anweisungen und Warnungen der Lehrkraft alle Schüler erreichen.

Nicht zuletzt sollte ein Sportlehrer über ein vielfältiges Repertoire von „kleinen Maßnahmen mit großer Wirkung“ verfügen, welche Spiel- und Übungssituationen in ihrer Komplexität bzw. Schwierigkeit reduzieren oder auch steigern und damit zur Sicherheit beitragen.(vgl. Kapitel 6.6)

Sicherheit im Schulsport entsteht primär dadurch, dass der Lehrer sich der unfallverhütenden Dimension der zuvor dargestellten Kapitel bewusst ist.

Die folgenden Tipps sensibilisieren für „Klassiker“ der Unfallverhütung.

1. **Übungsinhalte und Organisationsformen müssen zum Leistungsstand der Schüler passen.**

2. **Gruppenaufteilung und organisatorische Maßnahmen reduzieren bzw. steigern die Komplexität von Übungsphasen und damit die Unfallgefahr.**

   Beispiel
   In einer ersten Klasse wird ein Fangspiel zur Verbesserung der Laufgewandtheit, der peripheren Wahrnehmung und der Antizipationsfähigkeit gespielt. Die Anzahl der Fänger und die Spielfeldgröße haben direkten Einfluss auf das Anforderungsprofil und damit auf das Gefahrenpotenzial.

3. **Uhren und Schmuck ablegen! Sportbekleidung, insbesondere geeignete Schuhe, sind Pflicht. Lange Haare dürfen nicht offen getragen werden.**

4. **Die Geräteräume sind für die Schüler tabu. Sie dürfen die Räume nur mit Erlaubnis betreten.**

5. **Die Tore der Geräteräume müssen in Übungs- und Spielphasen geschlossen sein.**

   Auch Turngeräte und Kleingeräte im Raum dürfen während des Spiels keine Verletzungsgefahr darstellen.

6. **Bei bewegungsintensiven Spiel- und Übungsformen auf Auslaufzonen und Fallweiten achten!**

   Beispiel 1
   Beim Ringen und Raufen müssen die Matten genügend Abstand zur nächsten Wand, zum Torpfosten oder zur Langbank und Ähnlichem haben.

   Beispiel 2
   Übungen zum Sprint erfordern große Brems- bzw. Auslaufzonen.

7. **Anlaufzonen werden nicht gekreuzt! Organisatorische Maßnahmen wie Markierungen verhindern dies.**

   Hinweis: Gemeint sind Anlaufwege, bei denen der Übende auf den Anlauf fokussiert ist (z. B. für den Absprung am Bock oder den 50-m-Lauf). Das Kreuzen der Laufwege in Spiel- und Übungsformen ist damit nicht gemeint.

8. **Während des Auf- und Abbaus besteht absolutes Übungsverbot. Niemand übt an/auf Stationen ohne Freigabe durch die Lehrkraft.**

   Es gehört zur Aufsichtspflicht des Lehrers, alle Stationen und Geräte zu sichern und einer Sichtprüfung zu unterziehen.

9. **Trainieren Sie das Auf- und Abbauen mit den Schülern und bilden Sie Spezialisten aus.**

   Nur besonders verantwortungsbewusste Kinder dürfen z. B. nach genauer Einweisung die Kästen bewegen.

10. **Tore müssen immer im Boden gesichert sein.**

6.2 10 Tipps zur Sicherheit beim Schwimmunterricht

Der Schwimmunterricht erfordert ganz eigene sicherheitsrelevante Anmerkungen. Als Lehrer müssen Sie nicht nur die vom **Wasser ausgehenden Gefahrenpotenziale** beachten, sondern zudem in dem oft wenig übersichtlichen Schwimmbad den **Überblick über die Schüler** behalten. Deshalb ersetzen diese Sicherheitstipps zum Schwimmunterricht natürlich nicht den aufmerksamen Blick eines erfahrenen Lehrers. Die Tipps haben das Ziel, für die Unfallschwerpunkte zu sensibilisieren.

! **Achtung: Achten Sie bei der Organisation des Schwimmunterrichts auch auf die in Ihrem Bundesland gültigen Verwaltungsvorschriften und den Schwimmerlass.**

1. **Die Schüler werden vor dem ersten Schwimmtermin eingehend über die Baderegeln informiert.**

2. **Die örtlichen Gegebenheiten, insbesondere die Becken mit ihren unterschiedlichen Tiefen, sind den Schülern vertraut (bzw. werden den Schülern vorgestellt und erklärt).**

3. **Die Schüler betreten die Schwimmhalle nur gemeinsam mit der Lehrkraft.**

4. **Die Schüler dürfen nur nach Aufforderung ins Wasser.**

   Da Sie als Lehrer zu Beginn des Schwimmunterrichts oft noch mit bürokratischen Tätigkeiten oder der Materialbeschaffung beschäftigt sind, können Sie zu diesem Zeitpunkt noch nicht uneingeschränkt Ihre Aufsichtspflicht wahrnehmen.

5. **Auf nassen Böden wird gegangen und niemals gelaufen.**

6. **Nichtschwimmergruppen und gemischte Gruppen üben nur im brusttiefen Wasser.**

7. **Die aufsichtführende Lehrkraft befindet sich außerhalb des Wassers und wechselt regelmäßig ihre Position.**

   Nur die erhöhte Position vom Beckenrand aus ermöglicht das Beobachten aller Schüler. Je nach Lichteinfall und Position am Beckenrand verhindert das Spiegeln der Wasseroberfläche einen genauen Überblick über alle Kinder. Deshalb ist ein ständiger Positionswechsel ratsam.

8. **Gehen Sie immer nur mit zweiter Aufsichtsperson zum Schwimmunterricht.**

9. **Bei zwei oder mehreren Lerngruppen benötigen Sie eine Aufsicht pro Lerngruppe.**

10. **Sprungregeln beachten:**
    - Ist eine ausreichende Wassertiefe vorhanden? (mindestens 1,80 Meter bei Start- und Kopfsprüngen)
    - Die Schüler springen erst nach einem eindeutigen Signal der Lehrkraft.
    - Die Schüler springen immer nur nach vorne.

6.3 10 Tipps zur systematischen Stundenplanung

Natürlich sind Sie als Lehrer erfahren darin, Ihre Stunden zu planen. Insbesondere in Ihren Kernfächern geht dies leicht von der Hand, sodass die Tipps zur Stundenplanung zunächst unnötig erscheinen.

Doch der Sportunterricht unterscheidet sich in mancher Hinsicht von den geordneten Strukturen des Unterrichts im Klassenzimmer. Er birgt fachspezifische Fallstricke!

Deshalb empfehle ich Ihnen, Ihre Sportstunden mit den unten aufgeführten Tipps bzw. Leitfragen zu planen. Der Leitfaden scheint arbeitsintensiv zu sein, sensibilisiert aber gerade zu Beginn der Sportlehrertätigkeit für die sensiblen Stellen im Stundenablauf. Energie, die hier vor der Stunde investiert wird, ist nichts im Vergleich zu der Energie, die sonst eventuell zur Stundenrettung nötig ist.

1. **Was sind die unterrichtlichen Ziele und Inhalte? Warum sind diese für die Lerngruppe bedeutsam?**

2. **Mit welchem Unterrichtsverfahren und mit welcher Methode sollen die Ziele erarbeitet werden? Wie definiere ich dabei meine Lehrerrolle?**

3. **Welche Medien und/oder Geräte sind notwendig?**

   Im Vorfeld sollten Sie den Zustand und die Vollständigkeit prüfen.

4. **Welche methodischen Maßnahmen werden ergriffen?**

Falls Sie sich für das deduktive Unterrichtsverfahren entschieden haben, sind Bewegungsdemonstration und -beschreibung mit anschließender geschlossener Übungsanweisung probate Mittel.
Im Falle des deduktiven Weges empfehlen sich Bewegungsaufgaben und Bewegungsgeschichten als offene Aufgabenstellungen, um den Kindern Handlungs- und Ausführungsvariationen zu eröffnen und so Bewegungskreativität zu fördern.

5. Welche Organisationsform passt zum methodischen Weg?

Beachten Sie: Die Organisationsform bestimmt maßgeblich die Belastungsintensität des Übens, inklusive der Belastungspausen und Wiederholungszahlen. Des Weiteren gibt sie dem unterrichtlichen Geschehen Struktur und trägt so zum Lernklima bei.

Im Sportunterricht werden im Wesentlichen folgende Organisationsformen unterschieden:

Am Platz:
- Offene Aufstellung (Schüler verteilen sich gleichmäßig auf freier Fläche)
- Linienaufstellung
- Gassenaufstellung
- Reihenaufstellung

In Bewegung:
- freies Bewegen
- Seitenwechsel
- Kanon- bzw. Wellenorganisation
- Umlaufbahn/Kreisbewegung
- Umkehrbahn
- Stationstraining (frei oder geregelt)

6. Welche Maßnahmen sind zum reibungslosen Ablauf der Organisation notwendig?

Organisatorische Maßnahmen sind zum Beispiel:
- Gruppeneinteilung (durch Wählen, Zufall, Einteilung durch Lehrperson ...)
- Hilfsaufgaben delegieren (Schiedsrichter, Punktezähler ...)
- Stationen kennzeichnen
- Wechselzeichen festlegen
- Spielfeld markieren (Linien, Hütchen ...)
- Anlaufpunkt markieren
- Laufwege sichtbar machen
- in Gassenform Linien zur Orientierung nutzen
- Aufgabeneinteilung beim Auf- und Abbau

7. Was bedeutet die Planung für die Intensität der Stunde?

Diese Frage dient der Kontrolle.

Bedenken Sie, dass zu wenig effektive Bewegungszeit und zu geringe Intensität häufig Kritikpunkte an den Sportstunden sind.

8. **Wird die Planung der Heterogenität der Lerngruppe gerecht?**

   Diese Frage dient der Kontrolle.

9. **Haben Sie die Sicherheitsaspekte bedacht?**

   Diese Frage dient der Kontrolle.

10. **„Ist genügend Salz in der Suppe?“ oder „Wie hoch ist der Aufforderungscharakter der Stunde für die Lernenden?“**

    Diese Frage dient der Kontrolle.

    Bedenken Sie, dass eine Stunde zwar fachlich gut geplant und strukturiert sein kann. Sie ist aber nur die Hälfte wert, wenn die Schüler keinen Spaß am Sportunterricht haben.

6.4 10 Tipps zum souveränen Lehrverhalten

Das Verhalten der Lehrkraft, die Art und Weise, wie sie das Unterrichtsgeschehen jenseits des Methodischen beeinflusst und strukturiert, hat großen Einfluss auf die Stundenatmosphäre. Sowohl bewusste Maßnahmen, wie das durchdachte Formulieren von Anweisungen, als auch unbewusste Eigenschaften des Lehrers, wie das Vorleben von Erziehungszielen und das Ausstrahlen einer authentischen Sportbegeisterung, wirken sich positiv auf die Schüler aus.

1. **Versuchen Sie, stets Vorbild zu sein!**

   Gemeint ist nicht nur das Verhalten, das geprägt ist von gegenseitigem Respekt und aufrichtigem Interesse an den Schülern und ihren Problemen. Auch sportliche Kleidung, Sportschuhe und das Ablegen des Schmucks sind eine Selbstverständlichkeit.

2. **Seien Sie authentisch.**

   Stehen Sie glaubhaft für den Spaß und die Werte des Sports ein. Versuchen Sie dabei nicht, etwas darzustellen oder zu kopieren, was Ihrem Naturell widerspricht. Keiner kann alles!

3. **Ihre Schüler müssen immer wissen, was Sie von ihnen erwarten.**

   Ihre Erwartungshaltung umfasst die Leistung der Schüler, den Ordnungsrahmen und das Sozialverhalten.

4. **Achten Sie auf Ihre Position zur Gruppe.**

   Dies gilt nicht nur im Unterrichtsgespräch, sondern auch in der Übungszeit.

   Beispiel
   Während der Hilfestellung an einer Station ist Ihr Rücken der Hallenwand zugewandt. So haben Sie das gesamte Unterrichtsgeschehen im Blickfeld.

5. Formulieren Sie keine Anweisungen als Fragen.

„Seid ihr so nett und räumt bitte mal...?“ oder *„Wollt ihr vielleicht mal ruhig sein?“* Wer fragt, bekommt auch Antworten. Sagen Sie daher deutlich, aber respektvoll, was Sie erwarten.

6. Vermeiden Sie offene Fragen in der Stundenreflexion.

Auf die Frage *„Hat es Spaß gemacht?“* erhalten Sie wahrscheinlich eine undifferenzierte Antwort. Fragen Sie lieber *„Welche Station hat am meisten Spaß gemacht und warum?“*, um eine genaue Antwort zu erhalten.

7. Stimme schonen, akustische Signale nutzen!

Arbeiten Sie mit Ihrer Stimme nicht gegen zu hohe Geräuschpegel an.

Exkurs

Die Pfeife im Sportunterricht wird immer wieder als Symbol für einen autoritären Unterrichtsstil gesehen oder sogar mit ihm gleichgesetzt. Es ist aber keineswegs das akustische Signal, das über die Unterrichtsatmosphäre und das Lernklima entscheidet. Insbesondere Lehrkräfte, die viel Sport unterrichten, sollten mit ihren Kräften und ihrer Stimme haushalten.

8. Fordern Sie das Einhalten von Gesprächsregeln konsequent ein.

Achten Sie darauf, dass Ihnen, aber auch jedem anderen Redner, beim Reden die ungeteilte Aufmerksamkeit zukommt. Das heißt für die Schüler: still sein, Kleingeräte (Bälle, Seile usw.) festhalten oder auf den Boden legen und den Blick zur Lehrkraft bzw. zum jeweils Redenden richten.

9. Erklären Sie erst die Methodik und dann die Organisation.

Erläutern Sie möglichst erst alle inhaltlichen Aspekte, bevor Organisation und Gruppeneinteilung Unruhe erzeugen. Wenn Sie Ihre Erklärung mit *„Bei der nächsten Übung braucht jeder einen Partner ...“* einleiten, hört Ihnen wahrscheinlich kein Schüler mehr zu.

10. Planen Sie Phasen der eigenen Zurücknahme.

Beachten Sie: Die Rolle des Beobachters ist eine aktive Rolle und keine passive Auszeit. Durch genaues Beobachten werden Sie viel über Ihre Schüler lernen.

! Das konsequente Durchsetzen der Tipps zum Lehrverhalten kostet zu Beginn Energie und Zeit. Diese Investition zahlt sich aber im Laufe der Grundschulzeit um ein Vielfaches wieder aus.

6.5 10 Tipps zur effektiven Unterrichtsorganisation

Der beste methodische Weg kann seine Wirkung nicht entfalten, wenn die Organisation der Stunde nicht durchdacht ist. Hohe Übungsintensität, Konzentration im Unterrichtsgespräch und eine lernförderliche Struktur des Unterrichtsgeschehens entstehen erst durch reflektiert eingesetzte organisatorische Maßnahmen. Die folgenden Tipps helfen Ihnen, Ihren Unterricht gewinnbringend zu organisieren und umzusetzen.

1. **Stimmen Sie Arbeitspläne und Unterrichtsplanung klassen- bzw. stufenübergreifend aufeinander ab.**

   So kann beispielsweise ein komplexer Geräteaufbau von der ersten bis zur letzten Stunde (leicht variiert) genutzt werden.

2. **Finden Sie die passende Organisationsform.**

   Die Stundenplanung endet nicht mit der Auswahl der richtigen Methode. Die optimal zur Methode passende Organisationsform ist genauso wichtig.

   Vgl. Kapitel 6.3 10 Tipps zur systematischen Stundenplanung

3. **Planen Sie die Organisationsformen zu Ende.**

   Beispiel
   Welche organisatorischen Maßnahmen sind für einen reibungslosen Ablauf nötig? Besonders nach der Entscheidung für einen Stationsbetrieb sind Folgefragen zu beantworten wie:
   - Freier oder geregelter Stationsbetrieb?
   - Wie finden sich die Gruppen? (Und warum?)
   - In welcher Reihenfolge wird gewechselt?
   - Wann wird gewechselt?
   - Wann darf an den Stationen gestartet werden?
   - Wer räumt die Stationen vor dem Wechsel wieder auf?
   - Wie viele Kinder dürfen gleichzeitig an die Stationen?

4. **Bedenken Sie: Die Organisationsform bestimmt maßgeblich die Intensität der Stunde.**

   Beispiel
   - Üben in Kleingruppen erhöht die Übungszeit.
   - Eine oder zwei Stationen verkürzen oder verhindern Wartezeiten.
   - Ein Ball mehr im Spiel sorgt für mehr Ballkontakte.
   - Vergrößern/Verkleinern des Spielfeldes bei Fangspielen
   - Ein Fänger mehr verhindert „Ruhezonen".

   Vgl. Kapitel 6.6 10 kleine Maßnahmen mit großer Wirkung

5. **Lassen Sie den Unterricht in ritualisierter Form beginnen und enden.**

   Standardisierte Formen bieten den idealen, störungsarmen Rahmen für sach- und problembezogene Unterrichtsgespräche sowie organisatorische Absprachen.

6. **Setzen Sie Ihre Schüler beim Auf- und Abbau ein.**

   Geben Sie klare Aufgabenverteilungen und Sicherheitshinweise. Eventuell gibt es sogar Spezialisten unter Ihren Schülern, die den „Kasten- oder Mattenwagenführerschein" erworben haben.

7. **Stationen und Geräte dürfen von den Schülern erst dann benutzt werden, wenn die Lehrkraft sie freigegeben hat.**

   Alle Schüler helfen beim Auf- und Abbau, bis alles erledigt ist. Als Lehrer obliegt Ihnen die letzte (Sicherheits-)Prüfung der Stationen und Geräte.

8. **Verwenden Sie innerhalb einer Stunde möglichst durchgängig dieselben Geräte und Materialien.**

   Umbau und Organisation kosten ansonsten wertvolle Zeit.

9. **Verwenden Sie innerhalb einer Stunde möglichst durchgängig dieselben Sozialformen.**

   Durch die Neueinteilung würde sonst wertvolle Zeit verloren gehen.

10. **Nutzen Sie die vorhandenen Orientierungshilfen.**

    Gemeint sind besonders Linien (Feldbegrenzungen, Abstandsmarkierung, aber auch Wandvertäfelungen, Geräteraumtore und weitere markante Gegebenheiten). Sie sind ideale Orientierungshilfen für die Schüler.

6.6 10 kleine Maßnahmen mit großer Wirkung

Auch bei sorgfältiger Planung kommt es vor, dass Spiel- und Übungsphasen nicht in der gewünschten Intensität oder Lebendigkeit ablaufen. Hier reichen oft kleine Maßnahmen aus, um den Anforderungscharakter zu erhöhen oder zu reduzieren. Durch das Variieren einfacher Bezugsgrößen können Sie Spielphasen leicht in Ihrem Sinne verändern.

1. **Variieren Sie die Partner- und Gegnerzahl.**

   Wenn zwei Gruppen gegeneinander spielen, haben Veränderungen des Zahlenverhältnisses der beiden Gruppen zueinander enormen Einfluss auf die Dynamik vieler Spiele.

   Beispiel 1
   Einem Fangspiel fehlt es an Lebendigkeit.

   Lösung: Zusätzliche Fänger intensivieren das Spiel automatisch.

   Beispiel 2
   Bei der Schulung des Taktikbausteins „Ballbesitz durch geschicktes Passspiel kooperativ sichern" wirken die Kinder überfordert.

   Lösung: Mehr Anspielpartner bzw. weniger Gegenspieler, welche sich im Raum bewegen, vereinfachen die Lösung der Spielsituationen.

2. **Variieren Sie die Raum- und Zielorientierung.**

   Die Anzahl und die Lage der Tore bzw. Ziele im Raum fordern Orientierung und Spielverlagerung.

   Beispiel
   Bei einem Spiel soll der Ball auf der gegnerischen Matte an der Stirnseite des Spielfeldes abgelegt werden. Die verteidigende Mannschaft hat es (viel zu) leicht, das Durchkommen der anderen Mannschaft zu verhindern.

   Lösung: Mehrere „Ziele" (bzw. Matten) im Raum verhindern, dass die verteidigende Mannschaft alle Angriffe stoppen kann. Außerdem erfordern mehrere Ziele größere Flexibilität im taktischen Denken bei beiden Mannschaften.

   Bei Spielen zur Verbesserung der Laufgewandtheit hat ein Vergrößern bzw. Verkleinern des Spielfeldes großen Einfluss auf die Komplexität der Spielsituation.

Beispiel
Bei Fangspielen stoßen die Schüler einer ersten Klasse immer wieder schmerzhaft zusammen. Sie sind aufgrund einer noch nicht voll entwickelten peripheren Wahrnehmung und einer unzureichenden Antizipationsfähigkeit mit den Spielsituationen überfordert. Das gleichzeitige Beobachten und Antizipieren der Gegner- und Partnerbewegungen überfordert die Kinder.

Lösung: Das Vergrößern des Spielfeldes reduziert die Intensität und die Komplexität der Spielsituation. Wahlweise kann auch bei gleicher Fläche die Spielerzahl reduziert werden.

3. Verändern Sie die Art und Anzahl der Spielgeräte.

Die Anzahl der Spielgeräte hat großen Einfluss auf den Anforderungscharakter eines Spiels.

Beispiel
Bei Ballspielen kommt es zur „Rudelbildung“, sodass zu viele Kinder sich auf engem Raum tummeln.

Lösung: Fußballvariationen oder Abwerfspiele müssen nicht zwangsläufig mit einem Ball gespielt werden. Ein oder zwei weitere Bälle wirken sich enorm auf die Intensität und Anzahl der Ballkontakte aus.

Übungsgeräte mit unterschiedlichen Materialeigenschaften schaffen Könnenserlebnisse auf jedem Niveau.

Beispiel 1
Die Heterogenität der Gruppe erfordert differenzierende Maßnahmen.

Lösung: Bei Übungen zur Auge-Hand-Koordination lassen sich mit Jonglierbällen, Sandsäckschen, Schwebetüchern oder Zeitungspapier bei gleicher Aufgabenstellung sehr unterschiedliche Schwierigkeitsgrade erzielen.

Beispiel 2
Bei der Hinführung zum Volleyball soll „Ball über die Schnur“ gespielt werden. Fast jeder Wurf landet auf dem Boden. Auch eine Veränderung der Netzhöhe und der Spielfeldgröße bringen keinen Erfolg.

Lösung: Wasserbälle, Softbälle oder auch Zeitlupenbälle verlangsamen das Spiel und erhöhen die Chancen der Fänger.

4. Verändern Sie das Regelwerk.

Beispiel 1
Eine Übungsform zum Thema „Ball kooperativ zum Ziel bringen“ läuft nicht und wirkt zu statisch.

Lösung: Führen Sie als neue Regel ein, dass der ballführende Spieler nicht mehr laufen darf. Dadurch müssen alle anderen Mitspieler dies tun, damit durch ein Passspiel der Ball zum Ziel gelangt. Das „Spiel ohne Ball“ wird gefördert.

Beispiel 2
Einzelne überlegene Vereinsspieler gestalten das Spiel alleine, ballunerfahrene Mitspieler werden zu Statisten.

Lösung: Jeder Torschütze wird zum Torwart (der eigenen Mannschaft). So wird eine Ein-Mann-Show überlegener Spieler (phasenweise) verhindert.

Beim Üben elementarer (Ball-)Fertigkeiten ist es nicht immer leicht, auf eine zufriedenstellende Anzahl von Übungsvariationen zu kommen. Verändern Sie systematisch einzelne „Druckbedingungen“, wie sie Roth in seiner Ballschule nennt. Nach dem Prinzip „Einfache Übung + erschwerte Bedingung“ lassen sich leicht eine Vielzahl von Übungsformen mit unterschiedlichen Anforderungsprofilen zu einem Thema entwickeln. Wie dies leicht gelingen kann, wird in den folgenden Punkten 5 bis 10 exemplarisch am Beispiel „Prellen“ dargelegt.

5. Verändern Sie die Druckbedingungen: Zeitdruck variieren

Verändern Sie den Zeitdruck bei koordinativen Aufgabenstellungen, bei denen es auf Zeitminimierung bzw. Geschwindigkeitsmaximierung ankommt.

Beispiel
Ein Slalomkurs soll in verschiedenen vorgegebenen Zielzeiten mit dem Ball prellend bewältigt werden.

6. Verändern Sie die Druckbedingungen: Präzisionsdruck variieren

Es bietet sich an, koordinative Aufgabenstellungen durch die Variation des Präzisionsdrucks, also eine möglichst genaue Ausführung, zu erschweren oder zu erleichtern.

Beispiel
Die Schüler sollen den Ball genau auf einer Linie oder Langbank prellen.

[15] Für weitere Informationen empfehle ich Ihnen „Ballschule – Ein ABC für Spielanfänger“ von Christian Kröger und Klaus Roth (siehe Literaturliste).

7. Verändern Sie die Druckbedingungen: Komplexitätsdruck variieren

Die erschwerende Maßnahme dieser Druckvariation ist die Bewältigung hintereinandergeschalteter (sukzessiver) Anforderungen.

Beispiel
Nach jedem vierten oder fünften Prellen sollen die Schüler eine Drehung um die Körperachse vollziehen und dann weiterprellen.

8. Verändern Sie die Druckbedingungen: Organisationsdruck variieren

Variieren Sie koordinative Aufgaben durch die Bewältigung gleichzeitiger (simultaner) Anforderungen, also den Organisationsdruck.

Beispiel
Leistungsstarke Schüler sollen während des Prellens über eine Langbank balancieren.

9. Verändern Sie die Druckbedingungen: Variabilitätsdruck variieren

Das Lösen koordinativer Aufgaben unter wechselnden Umgebungs- bzw. Situationsbedingungen wird als Variabilitätsdruck bezeichnet.

Beispiel
Aufgaben zum Prellen sollen mit unterschiedlichem Ballmaterial oder auf unterschiedlichen Böden gelöst werden.

10. Verändern Sie die Druckbedingungen: Belastungsdruck variieren

Koordinative Aufgaben unter physisch-konditionellen oder psychischen Belastungssituationen zu lösen, stellt einen erheblichen Belastungsdruck dar.

Beispiele
- Physisch-konditionell: Analog zum Biathlon sollen koordinative Aufgaben zum Prellen nach gelaufenen Hallenrunden absolviert werden. Was in Ruhe gelingt, wird jetzt zur Herausforderung.
- Psychisch: Prellen in Wettkampfformen lässt auch bei vermeintlich leichten Anforderungen die Fehlerhäufigkeit wachsen.

Roth gibt in seiner Ballschule mit den Druckbedingungen eine in der Praxis bewährte Systematisierung vor, die es jeder Lehrkraft mit etwas Übung ermöglicht, das koordinative Lernen der Schüler durch hohe Variationsbreite der Übungen zu bereichern.[15]

! Setzen Sie die „kleinen Maßnahmen“ gezielt ein und entwickeln Sie so ein Gespür für ihren Wert zur Qualitätssteigerung Ihres Unterrichts.

7. Schlussbetrachtung

In meinen Ausführungen habe ich versucht, meine grundlegenden Gedanken zu gutem Sportunterricht systematisiert und praxisnah zu erklären.

Allen Wegen zu gutem Unterricht liegen zentrale Fragen zugrunde:
- *„Was ist mir in meinem Sportunterricht wichtig und warum?"*
- *„Was sollen die Schüler nach vier Jahren meines Sportunterrichts können?"*
- *„Mit welchen Strategien und Methoden erreiche ich beides?"*

Meiner Meinung nach plant und reflektiert eine gute Sportlehrkraft das Unterrichtsgeschehen vor diesem oder ähnlichem Hintergrund. Gleichzeitig strahlt sie aber in der Praxis eine authentische Sportbegeisterung aus, welche durch Leichtigkeit, Spieltrieb und (humorvolle) Herzlichkeit gekennzeichnet ist. Wenn eine Lehrkraft in sich sowohl den „reflektierten Pädagogen" als auch den Spieltrieb des inneren Kindes entdeckt und auslebt, kann der Sportunterricht seine volle Wirkung entfalten.

Viele Erklärungen und Beispiele entspringen meinen eigenen Erfahrungen und stellen meine subjektive Meinung dar. Es gibt natürlich auch zahlreiche andere Wege, guten Sportunterricht in der Primarstufe zu gestalten.

Nutzen Sie meine Ausführungen als Diskussionsgrundlage.

Kurz gesagt: Entwickeln Sie Ihren eigenen authentischen Weg als Sportlehrkraft!

8. Literaturhinweise und Quellen

Beitzen, Miriam (2012): Kinder lernen Brustschwimmen/Kraulschwimmen – Lernkartei zum selbstständigen Erwerb der Schwimmtechniken. Persen Verlag, Hamburg

Beitzen, Miriam (2014): Ringen, Raufen, Kämpfen – aber fair! Persen Verlag, Hamburg

Busch, Felix (2010): Ringen und Kämpfen. Auer Verlag, Donauwörth

Buschmann, Britta (2012): 77 Sportspiele zur Leichtathletik Laufen – Springen – Werfen. Persen Verlag, Hamburg

Buschmann, Britta (2012): 111 Sportspiele im Wasser: Wassergewöhnung – Wasservertrautheit – Wasserbewältigung. Persen Verlag, Hamburg

Deutscher Fußball-Bund (2008): Spielen und Bewegen mit Ball – Handreichungen für das Fußballspielen in der Grundschule. Frankfurt

Frank, Gunther (2005): Koordinative Fähigkeiten im Schwimmen: der Schlüssel zur perfekten Technik. Hofmann-Verlag, Schorndorf

Fries, Axel (1997): Kinderturnen im Grundschulalter. Buchverlag Axel Fries, Puderbach

Gerling, Ilona (2014): Basisbuch Gerätturnen. Meyer & Meyer Verlag, Aachen

Kröger, Christian / Roth, Klaus (2011): Ballschule – Ein ABC für Spielanfänger. Hofmann-Verlag, Schorndorf

Lang, Heinz (2009): Spielen – Spiele – Spiel: Handreichungen für den Spielunterricht in der Grundschule. Hofmann-Verlag, Schorndorf

Lange, Harald / Sinning, Silke (2012): Kämpfen, Ringen und Raufen. Limpert Verlag, Wiebelsheim

LASPO (Bayerische Landesstelle für den Schulsport), 2014: Laufen, Springen, Werfen unterrichten: Grundwissen und Praxisbausteine. Auer Verlag, Donauwörth

Luetgeharm, Rudi (2014): Das Zirkusbuch – Alle machen mit. Kohlverlag, Kerpen-Buir

Ministerium für Bildung, Wissenschaft, Jugend und Kultur: Rahmenplan Grundschule – Teilrahmenplan Sport. Mainz, unter: www.grundschule.bildung-rlp.de

Reischle, Klaus / H. Buchner, Markus / Rudolph, Klaus (2008): SwimStars – Schwimmen lernen und Techniktraining optimieren. Hofmann-Verlag, Schorndorf

Schmidt, Werner (Hrsg.), 2009: Zweiter Deutscher Kinder- und Jugendsportbericht – Schwerpunkt Kindheit. Hofmann- Verlag, Schorndorf

Schwarz, Marion / Schwarz, Rupert (2013): Geräteturnen – leicht gemacht – 7 Themenparcours für die Grundschule. Persen Verlag, Hamburg

Wehren, Bernd (2011): Große Spiele. Persen Verlag, Hamburg

Wehren, Bernd (2013): Kleine Spiele. Persen Verlag, Hamburg